교과서에 나오는
위인들의 어린 시절 이야기

교과서에 나오는
위인들의 어린 시절 이야기

1판 1쇄 인쇄 2016년 7월 5일
1판 1쇄 발행 2016년 7월 10일

지은이 이광렬
그린이 DG Studio
펴낸이 이윤규

펴낸곳 유아이북스
출판등록 2012년 4월 2일
주소 서울시 용산구 효창원로 64길 6
전화 (02) 704-2521
팩스 (02) 715-3536
이메일 uibooks@uibooks.co.kr

ISBN 978-89-98156-59-6 43190
값 12,000원

• 이 도서의 국립중앙도서관 출판시도서목록(CIP)은 서지정보유통지원시스템 홈페이지(http://seoji.nl.go.kr)와 국가자료공동목록시스템(http://www.nl.go.kr/kolisnet)에서 이용하실 수 있습니다. (CIP 제어번호: 2016013077)

모델명 교과서에 나오는 위인들의 어린시절 이야기
제조연월 2016. 7. 5 **제조자명** 유아이북스 **제조국명** 대한민국
주소 서울시 용산구 효창원로 64길 6 일진빌딩 **전화번호** 02-704-2521

교과서에 나오는

위인들의 어린시절 이야기

글. 이광렬 | 그림. DG Studio

유아이북스
Ultimate Information

머리말

세상에는 수많은 위인들이 있습니다.

과학, 정치, 예술 등 다양한 분야에서 나라는 물론, 나아가 세계 발전에 기여한 사람들입니다.

어떻게 위인들은 위대한 업적을 이룰 수 있었을까요? 여러 이유가 있겠지만, 초등학교 교사 출신인 저는 특히 위인의 어린 시절에 주목합니다.

위인들이 어떠한 어린 시절을 보냈는지 알아보는 것은 매우 중요합니다.

공부를 잘하는 것도 중요하지만, 내가 가지고 있는 재능이 무엇인지 아는 게 더 중요합니다. 잘할 수 있거나 하고 싶은 것을 찾고, 상황이 아무리 힘들고 어려워도 참고 이겨 낸다면 누구나 위대한 사람이 될 수 있습니다. 그리고 밝은 미래를 그릴 수 있습니다.

이 책은 훌륭한 사람들의 어린 시절은 어땠는지, 보통 사람과는 무엇이 달랐는지 이해하기 쉽도록 실제 이야기를 곁들어 설명하였습니다.

위인들은 어려움이 닥쳐도 결코 좌절하지 않았습니다. 한번 목표를 정하면 끝까지 밀고 나갔습니다. 남보다 조금 뒤처지더라도 끝까지 칭찬과 격려를 아끼지 않은 부모님과 선생님의 사랑에 용기를 잃지 않았던 것입니다.

어린 시절의 좋은 책 한 권이 한 사람의 평생을 좌우합니다. 이 책을 읽은 여러분 모두 자신도 훌륭한 사람이 될 수 있다는 자신감을 갖기를 바랍니다.

이광렬

CONTENTS

2. 나는 부모님의 자부심이다

3. 포기하지 않으면 실패는 없다

1

Dream

꿈이 있다면 환경은 중요하지 않아요

아인슈타인, 좋아하는 과목만 파고들었죠

셰익스피어, 이 세상이 나의 학교

레오나르도 다빈치, 집 밖에 나가기 싫은 이유

링컨, 왜 배우면 안 되나요?

아인슈타인,
"좋아하는 과목만 파고들었죠"

오늘날 천재의 대명사로 불리는 아인슈타인은 어릴 적 둘째가라면 서러울 정도로 공부를 못하는 아이였습니다. 1879년 독일 남부 울름에서 태어난 그는 발육이 늦은데다 말도 더듬고 행동도 무척 게을렀습니다. 게다가 머리는 지나치게 컸습니다.

그의 부모는 아인슈타인이 행여 잘못되면 어쩌나 하고 항상 걱정하였습니다. '혹시 내 아이가 바보가 아닐까?' 하고 의심했을 정도였다고 합니다.

다행히 점점 자라면서 아인슈타인의 뒷머리는 차츰 들어가 정상적인 상태가 되었습니다. 그러나 기쁨도 잠시, 이번엔 살이 심하게 찌기 시작했습니다. 그때부터 그는 가족들과도 말을 거의 하지 않고 혼자 놀기만 했습니다. 이를 두고 볼 수밖에 없는 부모는 아이가 또다시 말을 하지 못하면 어쩌나 하고 걱정했다고 합니다.

아인슈타인은 생후 30개월이 넘도록 종이카드로 집을 짓거나 복잡한 카드놀이는 제법 했지만 말은 하지 못해 부모님 애를 태웠습니다. 그러던 어느 날, 어머니가 데워 준 우유를 마시다가 아인슈타인이 갑자기

"우유가 너무 뜨거워" 하고 말을 꺼냈습니다. 어머니가 놀라서 "왜 지금까지 말을 하지 않았니?"라고 묻자 이렇게 대답했다고 합니다.

"지금까진 말할 필요가 없었어요."

마음을 졸여왔던 어머니와는 반대로 그는 매우 태연했습니다. 어머니는 마음이 놓였지만 그때 아인슈타인의 고집스런 성격을 알게 되었습니다.

학교 갈 나이가 되어 공립학교에 들어간 아인슈타인은 학교에서도 여전히 구구단을 외우지 못할뿐더러 학습에 전혀 의욕을 보이지 않았습니다. 그래서 매일 담임선생님으로부터 심한 꾸지람을 들어야 했습니다. 특히 수학 시간에는 계산할 줄을 몰라 한 문제를 푸는 데도 아주 많은 시간을 보냈습니다. 그럼에도 번번이 틀린 답을 내놓기 일쑤였답니다. 이런 모습을 본 사람들은 아무도 그가 수학에 재능이 있다고 생각하지 않았습니다.

하지만 아인슈타인에게도 좋아하는 것이 있었습니다. 다섯 살 때 아인슈타인이 몸살에 걸려 하루 종일 침대에 누워 있었을 때, 부모는 그에게 나침반을 선물해 주었습니다. 나침반을 선물 받은 그는 아픈 걸 잊어버릴 정도로 기분이 매우 좋아졌습니다. 나침반은 아인슈타인이 세상에서 처음으로 접한 신기한 물건이었기 때문입니다. 이처럼 아인슈타인은 좋아하는 것에 푹 빠져버리곤 했습니다. 때문에 학교에 가는 것은 무척이나 싫어했지만, 자기가 좋아하는 책은 밤새는 줄 모르고 몇 번이고 반복해서 읽었다고 합니다.

어느 날은 삼촌이 준 유클리드의《기하학 원론》을 읽다가 하루 종일 방 안에 틀어박혀 수학 공식을 익히기 시작했습니다. 또, 선물로 받은《자연 과학 보급서》라는 책을 반복하여 읽으면서 자기도 모르는 사이에 과학을 좋아하게 되었다고 합니다. 그는 그렇게 책을 읽으며 꿈을 키워 나갔습니다.

아홉 살이 되던 해에 아인슈타인은 뉴욕에 있는 학교에 진학하게 되었습니다. 그 학교는 인문교육을 위주로 하는 학교여서 아직 말이 서툴고 기억력이 부족한 아인슈타인은 매우 힘들어하였습니다.

'학교에 다니기 싫어. 정말 싫어.'

아인슈타인은 그렇게 공부에 흥미를 잃었고, 아이들과도 잘 어울리지 못했습니다. 그는 혼자 언덕에 올라 하늘을 보며 '저 구름은 어떻게 떠다니는 걸까?' 하며 생각에 잠기곤 했습니다.

그런 아인슈타인을 보고 아이들은 "참 재미없는 아이야", "저 녀석은 언제나 외톨이야" 하며 놀려댔습니다.

열 살이 되자 아인슈타인은 초등학교를 졸업하고 김나지움에 들어갔습니다. 김나지움은 중학교와 고등학교를 합친 독일의 학교로서 군대식 교육 방식으로 유명했습니다.

김나지움 시절에도 아인슈타인의 성적은 나아지지 않았고, 특히 라틴어는 '양', 그리스어는 '가'를 받을 정도로 언어 실력이 형편없었습니다.

'이 학생은 장차 어떤 일을 해도 성공할 수 없을 것으로 판단됨.'

▶ 열네 살 때 아인슈타인(1893)

그를 담당한 그리스어 교사는 그가 제구실을 하지 못할 거라고 평가하였습니다. 요즘 말로 하면 낙제한 것이나 마찬가지였습니다.

하지만 성적표에 적힌 이 짤막한 의견을 읽은 어머니는 얼굴 하나 찡그리지 않았습니다. 오히려 낙담해하는 아들을 달래며 이렇게 말했습니다.

"아들아, 너는 다른 아이와 다르단다. 네가 다른 아이와 똑같다면 너는 결코 천재가 될 수 없어."

아인슈타인의 천재성을 알아보지 못한 선생님의 가혹한 평가는 아인슈타인의 어머니에 의해서 격려로 바뀌었고, 이러한 격려에 힘입어 아인슈타인은 낙담하지 않고 자신의 재능을 발휘할 수 있었습니다.

하지만 꽉 짜인 학교 수업에 적응하지 못한 아인슈타인은 과학과 수학에는 뛰어났지만, 나머지 과목에는 아예 관심을 두지 않아 여전히 성적이 좋지 않았습니다.

어느 날은 선생님이 그를 불러 이렇게 말했습니다.

"아인슈타인 군, 제발 학교를 그만두었으면 좋겠네."

이 이야기만 보아도 아인슈타인이 학교에 적응하지 못했다는 걸 알 수 있습니다. 그 후 아인슈타인은 결국 학교를 중퇴하고 말았습니다.

이후 아인슈타인은 수학과 과학 외에는 전혀 공부하지 않아 매번 스위스취리히공과대학교 시험에 떨어졌습니다. 아인슈타인의 성적으로는 대학에 떨어지는 것이 당연했지만, 이 학교의 학장이 그의 뛰어난 수학적 재능에 감탄해 그가 무사히 고등학교를 마칠 수 있도록 도와주었습니다. 이듬해에는 무시험으로 취리히연방공과대학교에 입학할 수 있도록 해주었습니다.

대학생이 된 후에도 아인슈타인은 새로운 것만 보면 궁금증이 풀릴 때까지 쉬지 않고 연구하며 도서관에서 살다시피 하였습니다.

그 후 대학교를 졸업한 아인슈타인은 생계를 위해 스위스 특허국에 취직했습니다. 그는 일하는 틈틈이 물리학과 수학을 연구해 분자운동이

론으로 박사 학위를 받았습니다. 그리고 서른세 살에 교수로 일하면서 독일의 유명한 과학 잡지 《물리학 연보》에 '특수상대성이론'이라는 논문을 연달아 발표하며 물리학을 한층 발전시켰습니다. 그렇게 아인슈타인은 20세기 최고의 물리학자로 떠올랐습니다.

1921년 아인슈타인은 노벨 물리학상을 수상한 뒤, 상대성이론을 한층 더 발전시키기 위해 더욱 열심히 연구에 몰두했습니다. 그는 76세로 일생을 마칠 때까지 과학자로서 충실한 삶을 살았습니다. 그의 열정과 노력은 오늘날까지 많은 사람들의 귀감이 되고 있습니다.

인물 알아보기

알베르트 아인슈타인 *Albert Einstein*

- 과학자
- 국적: 미국 / 출생지: 독일 울름
- 출생-사망: 1879. 3. 14 ~ 1955. 4. 18
- 활동분야: 이론물리학
- 주요 업적: 상대성 이론 발표, 노벨물리학상 수상
- 대표 명언:

  "지식보다 중요한 것은 상상력이다."

  "모두가 비슷한 생각을 한다는 것은,
  아무도 생각하고 있지 않다는 말이다."

William Shakespeare

셰익스피어, "이 세상이 나의 학교"

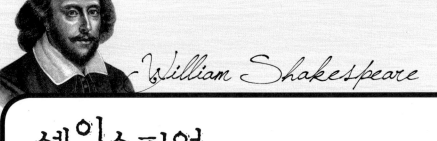

셰익스피어는 1564년 영국에서 잡화 상회를 하는 집안에서 태어났습니다. 그의 아버지는 장사로 한때 많은 돈을 벌었지만 정치에 뛰어들었다가 낭패를 보았습니다. 꿈을 펼쳐 보지 못하고 빚만 잔뜩 지고 말았답니다. 때문에 셰익스피어는 유복한 환경에서 자라지 못했습니다.

집안이 가난해지자 아버지는 하는 수 없이 셰익스피어를 최대한 돈이 안 드는 학교에 보낼 수밖에 없었습니다. 그런데 학교에서는 라틴어 문법과 그리스어 문법을 주로 가르쳤습니다. 셰익스피어는 까다롭고 딱딱한 문법 공부에 싫증만 났습니다. 학교 교문에 들어서는 것도 싫었고, 선생님 얼굴도 보고 싶지 않았습니다. 때문에 학교에 간다고 집을 나와서는 잔디밭에 털썩 주저앉아 엉뚱한 생각으로 하루를 보내는 일이 많았다고 합니다.

'다른 학교에 가서 공부할 수는 없을까?'

그는 호메로스의 《오디세이》, 플루타르코스의 《영웅전》 같은 전기문이나 소설 쓰는 법을 배우고 싶었습니다. 아쉬운 대로 그는 집으로 돌아와서는 밤늦도록 이솝 이야기 등 동화책이나 명작들을 열심히 읽었습니다. 책 읽을 시간이 모자랐기에 선생님이 내준 숙제를 하지 못하는 경우가 잦았습니다.

선생님은 숙제를 해오지 않은 학생들에게 벌을 세웠습니다. 셰익스피어도 예외는 아니었습니다. 선생님은 학교에 자주 빠지고 숙제를 자주 해오지 않은 그에게는 더 심한 벌을 내렸습니다.

"학교도 자주 빠지고 숙제도 전혀 해오지 않는 녀석. 너는 교실 뒤에서 반성을 좀 해야겠다. 뭘 잘못했는지 생각해보도록 해!"

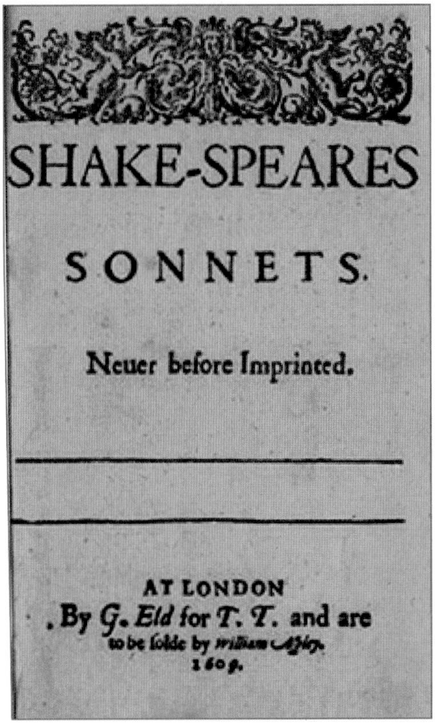

▶ 셰익스피어의 《소네트》(1609년판)

셰익스피어는 반성은커녕 벌을 선 다음 날부터는 아예 학교를 가지 않았습니다. 가방을 메고 학교에 가는 척하고는 집을 나와 들판에서 놀았습니다. 개울 속 돌멩이를 보며 시를 짓기도 하고, 염소들이 뛰노는 것을 보며 글을 쓰기도 하였습니다. 그리고 온갖 식물이 자라고 꽃이 예쁘게 핀 모습을 보거나 숲 속에서 새들이 지저귀는 소리를 들으며 노랫말을 써보기도 하였습니다. 다음 날은 다른 들판에 찾아가서 눈에 들어

온 풍경을 생각나는 대로 글로 적었습니다. 그 다음 날은 냇물에서 물고기들이 헤엄치는 모습을 보며 글을 써 내려갔습니다.

셰익스피어는 하고 싶은 일을 하니 무척 신이 났습니다. 하지만 며칠 동안 학교에 결석한 것에 대해 마음 한구석이 찜찜했습니다. 결국 그는 집에 돌아와서는 어머니에게 사실대로 말했습니다.

"어머니, 저는 딱딱한 공부나 시키고, 그걸 하지 않는다고 벌이나 세우는 그런 학교는 싫어요. 내일부터 학교에 가지 않겠어요."

▶ 《한여름 밤의 꿈》의 한 장면(윌리엄 블레이크)

아들의 말을 들은 어머니는 속으로 무척 놀랐으나 이내 마음을 가라앉히고 이렇게 말했습니다.

"그랬구나. 그동안 혼자서 마음고생이 심했겠구나. 하기 싫은 것을 억지로 할 필요는 없어. 돈이 없어 다른 학교로 보내주지 못한 것이 안타깝구나."

어머니는 진심으로 아들의 마음을 다독여 주었습니다. 셰익스피어는 자신을 야단치지 않고 오히려 자기편이 되어 준 어머니가 너무도 고마

▶ 《햄릿》의 한 장면을 상상해 그린 그림(헨리 푸젤리)

웠습니다. 그때 아버지가 방으로 들어왔습니다. 어머니는 아버지에게 자신이 들은 대로 말을 전했습니다.

"아이가 학교를 그만두겠다는군요."

"아니, 왜?"

아버지는 놀란 눈으로 셰익스피어를 바라보았습니다.

"학교에서 배우는 딱딱한 문법 공부가 정말 싫어요. 뭐가 뭔지 모르겠고 재미도 없어요. 그래서 학교에 가지 않겠다고 말한 거예요."

셰익스피어는 혼날 각오로 자기 생각을 솔직하게 털어놨습니다. 그의 말을 들은 아버지는 한숨을 쉬었습니다.

"그렇다고 돈이 많이 드는 학교에 보내줄 수 없으니 어떡한담."

셰익스피어는 이렇게 대답했습니다.

"우리가 경제적으로 어렵다는 사실은 잘 알고 있어요. 재미없는 학교를 다니기보다는 집에서 아버지 가게 일을 도와 드리면서 제가 하고 싶은 공부를 하고 싶어요."

"하고 싶은 공부? 그게 뭔데?"

아버지가 의아스럽다는 표정으로 되물었습니다.

"책도 읽고 시도 짓는 그런 공부를 하고 싶어요."

그 말을 들은 아버지는 어린 셰익스피어를 조금도 탓하거나 꾸짖지 않았습니다.

"하고 싶은 일이 있으면 한번 해보려무나. 하기야 문법 공부라는 것은 까다롭기만 하지. 그것보다는 가게에서 계산하는 법이라든가 실제로 생활에 필요한 일을 배우는 게 훨씬 흥미로울 것 같구나."

하며 흔쾌히 허락해주었습니다.

그리하여 셰익스피어는 열네 살 때 다니던 학교를 그만두었습니다. 대신 자신만의 학교에서 공부하기 시작했습니다. 이런 마음가짐으로 말입니다.

'나의 학교는 이 세상이고, 나의 공부는 시를 쓰는 일이다.'

시간이 흘러 열여덟 살에 결혼한 셰익스피어는 어느덧 3남매의 아버지가 되었습니다. 스물세 살이 된 셰익스피어는 런던으로 떠나 훌륭한 선생님 밑에서 본격적인 글쓰기 공부를 하고 싶었습니다. 마침내 그는 집을 떠나기로 마음먹었습니다.

그는 작은 가방을 들고 아내에게 이렇게 말했습니다.

"여보, 꼭 훌륭한 시인이 되어 돌아올게요. 혼자 애들 키우느라고 힘들겠지만 참고 기다려 주세요."

"집 걱정은 하지 마시고 마음 놓고 공부나 열심히 하세요."

아내는 격려의 말과 함께 그를 보내줬습니다. 모두에게 쉽지 않은 결정이었습니다. 하지만 셰익스피어는 자기 자신을 믿었고, 그의 아내는 이런 그를 격려했습니다.

큰 꿈을 안고 난생 처음 런던에 도착한 셰익스피어는 런던의 풍경에 크게 놀라고 말았습니다. 작은 시골 마을을 한 번도 벗어난 적이 없었기 때문입니다. 가슴이 덜컹 내려앉아 무슨 일부터 해야 할지 도무지 생각이 떠오르지 않았습니다.

'큰일이군! 오긴 왔는데 당장 어디서 무슨 일을 하며 먹고산단 말인가?'

그러다 런던대학교에 다니는 고향 친구를 만나 그에게 사정을 솔직하게 털어놓았습니다. 잠자코 이야기를 듣던 친구는 식당에서 셰익스피어를 대접하고는 "당분간 나와 함께 지내면서 천천히 일자리를 찾아봐"라고 말하며 그를 도와주기로 하였습니다.

친구와 같은 방에서 지내기로 한 셰익스피어는 매일 거리에서 일자리를 구하러 돌아다녔습니다. 그러나 초등학교 졸업장도 없는데다 시골뜨기인 그를 반기는 곳은 없었습니다. 찾아가는 곳마다 퇴짜를 맞아 허탕만 치기 일쑤였습니다. 그래도 그는 도시에는 읽을 책이 많아서 행복했습니다. 하루는 일거리를 구하려고 시내를 돌아다니다가 허름한 책방에 들려 책을 구경하고 있었습니다. 그때 책방 주인의 화가 난 듯 크게 소리쳤습니다.

"이봐, 젊은이! 책에 손때만 묻힐 셈이오?"

"아, 아닙니다. 이 책을 사겠습니다."

책값을 낸 그의 주머니에는 돈 한 푼도 남지 않았지만 집에서 책을 읽을 생각에 발걸음만은 가벼웠습니다. 며칠을 돌아다닌 끝에 그는 가까스로 말단 극장에서 말을 돌보는 일을 하게 되었습니다. 이때 뜻을 펼칠 기회를 만나게 됩니다. 말을 돌보는 틈틈이 연극 공부를 할 수 있었기 때문이죠. 1년이 지난 후 무대 위에서 연출 보조로 일하게 된 셰익스피어는 새로운 결심을 했습니다.

'극작가라는 직업이 흥미로워 보이는군. 그래 나도 작가가 되고 말거야.'

이런 셰익스피어에게 그동안의 노력을 보상하는 달콤한 열매는 생각보다 빨리 찾아왔습니다. 그동안 수많은 책을 읽고 글을 써온 노력이 구체적인 목표를 만나 마침내 빛을 발한 것입니다.

그는 희극 배우로서 엘리자베스 여왕을 비롯한 수많은 영국 상류층 앞에서 공연하게 되었는데, 바로 셰익스피어의 초기 희곡인《사랑의 헛수고》가 세상에 소개된 순간이었습니다. 이 작품으로 시골뜨기 셰익스피어는 런던 연극계에 그야말로 혜성처럼 등장하게 됩니다. 곧바로 셰익스피어는《헨리 6세》라는 작품을 3년에 걸쳐 완성하면서 작가로서 확

고한 위치에 올라섰습니다. 이 작품이 공연되면서 셰익스피어의 명성이 전 세계에 알려졌습니다.

셰익스피어는 박차를 가해 해마다 명작을 발표했습니다.

《로미오와 줄리엣》, 《베니스의 상인》 등 수많은 희곡을 썼는데, 특히 《햄릿》, 《오셀로》, 《맥베스》, 《리어왕》은 셰익스피어의 4대 비극으로 손꼽히는 명작으로 유명합니다.

시대를 뛰어넘어 인류에게 영원한 감동을 준 셰익스피어도 어렸을 때에는 아무런 가능성이 보이지 않는 아이일 뿐이었습니다. 그러나 그

의 마음을 이해하고 원하는 공부를 하도록 배려한 부모와 그를 믿어준 아내와 친구 덕분에 그는 자신의 재능을 세상에 펼칠 수 있었습니다. 또한 삶의 목표를 세우지는 못했지만 자신이 좋아하는 것을 꾸준히 공부한 까닭에 셰익스피어는 언제든 준비된 사람이 될 수 있었습니다. 무엇을 해야 할지 막막하다면 셰익스피어처럼 우선 자신이 좋아하는 것부터 해보는 건 어떨까요?

인물 알아보기

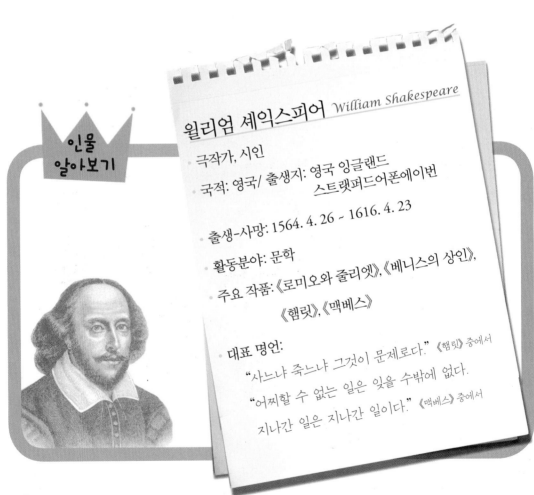

윌리엄 셰익스피어 *William Shakespeare*

- 극작가, 시인
- 국적: 영국/ 출생지: 영국 잉글랜드 스트랫퍼드어폰에이번
- 출생-사망: 1564. 4. 26 ~ 1616. 4. 23
- 활동분야: 문학
- 주요 작품: 《로미오와 줄리엣》, 《베니스의 상인》, 《햄릿》, 《맥베스》
- 대표 명언:
  "사느냐 죽느냐 그것이 문제로다." 《햄릿》 중에서
  "어찌할 수 없는 일은 잊을 수밖에 없다. 지나간 일은 지나간 일이다." 《맥베스》 중에서

레오나르도 다빈치,
"집 밖에 나가기 싫은 이유"

레오나르도 다빈치는 1452년 이탈리아의 피렌체에서 조금 떨어진 빈치 마을에서 태어났습니다.

이탈리아 시골 마을에서 어린 시절을 보낸 다빈치는 물의 흐름, 식물의 성장, 갖가지 동물의 행동 등에 호기심을 보였습니다. 그는 문득 떠오르는 아이디어가 있으면 빼놓지 않고 메모하는 습관이 있었습니다.

다빈치는 위대한 예술가이자 과학자였습니다.

그가 그린 그림 가운데 〈모나리자〉는 밀레가 그린 〈만종〉과 함께 세계 미술사를 빛낸 작품으로 지금까지 사랑받고 있습니다.

또한 과학자로서 다빈치는 사람들이 태양이 지구를 중심으로 돈다는 천동설을 믿을 때 지구가 태양을 주위를 돈다는 지동설을 주장했습니다. 과감한 실험정신으로 기존엔 없던 새로운 물건을 생각해 내기도 했습니다. 실제로 그가 스케치했던 자전거 모형도는 오늘날 현대인이 타고 다니는 자전거와 비슷할 정도로 페달과 체인의 모양까지 갖추었습니다. 치밀하게 계산해 그린 잠수함 설계도는 현대의 군사전문가도 혀를 내두를 정도입니다. 그가 스케치한 비행기의 모형도 또한 오늘날 비행기의 기본 설계도와 큰 차이가 없다는군요.

여러모로 볼 때 레오나르도 다빈치는 시대를 앞서간 천재라고 할 수 있습니다.

이처럼 화려한 업적을 자랑하는 다빈치이지만, 그의 어린 시절은 암울하기 그지없었습니다.

다빈치의 어머니는 가난한 시골 농가에서 처녀의 몸으로 다빈치를 낳았습니다. 아버지와의 신분 차이로 인하여 정식으로 결혼하지 못했던 것입니다. 그러고는 어머니는 다빈치를 낳자마자 그를 두고 멀리 떠났습니다. 다빈치는 평생 얼굴도 모르는 어머니를 몹시 그리워했습니다. 훗날 다빈치가 어머니를 생각하며 남긴 글귀가 전해져 내려오고 있습니다.

"초라한 누더기를 걸치고 치장도 전혀 하지 않은 두메산골의 농사꾼 아가씨들이 멋을 부린 도시의 아가씨들보다 더 아름답다는 걸 너는 아는가?"

어머니가 자신을 버렸음에도 다빈치는 어머니를 아름다운 아가씨로 생각하고 있었던 것입니다.

다빈치는 사회적으로 환영받지 못한 출신이라서 당시 지식인의 언

▶ 레오나르도 다빈치

어라고 할 수 있는 히브리어와 라틴어를 배울 수 없었습니다. 게다가 그는 왼손잡이였는데, 거울에 비쳐야만 글씨가 보일 정도로 거꾸로 글씨를 쓰는 이상한 습관을 갖고 있었습니다.

남들과 다른 배경과 버릇 때문에 어린 다빈치는 주위 사람들에게 따돌림을 받았습니다. 또래 아이들은 그와 어울리기 싫어서 다빈치만 오면 모두 그를 피해버렸습니다.

"애들아. 저기 다빈치가 온다. 우리 여기서 놀지 말고 다른 데로 가서 놀자."

"우리 어머니가 그러는데 재 엄마는 결혼도 안 하고 다빈치를 낳았대."

다빈치는 동네 아이들이 떠드는 소리를 들으면서 뭔지 모르지만 가슴 한 가운데서 불같은 감정이 솟아오르는 것을 느꼈습니다. 하지만 그 순간도 잠시일 뿐, 우두커니 서 있다가 그냥 집으로 돌아오곤 했습니다.

이런 일이 매일 같이 반복되자 그는 내성적인 아이가 되어버렸습니다. 사람을 만나는 것을 두려워하고, 아예 집 밖에 나가는 것 자체를 싫어했을 정도였습니다. 방 안에서는 혼자서 잘 그리던 스케치도 사람들 앞에서는 불가능했습니다. 집에서 할머니와 같이 있을 때에는 말도 잘 하고 질문도 많이 했지만, 집 밖에서 사람들만 만나면 말을 심하게 더듬었다고 합니다. 또한 무슨 일이든지 해결하려는 생각은 하지 않고, 처음부터 포기하는 버릇이 생겼습니다.

할머니는 그런 다빈치를 볼 때마다 속상해했습니다. 남몰래 눈물을 흘리기도 했죠. 그렇지만 다빈치가 아침에 눈을 뜰 때마다 귀에 대고 이렇게 속삭였답니다.

▶ 이탈리아 밀라노의 한 수도원 식당에 그려진 〈최후의 만찬〉 (1495~1497)

“얘, 다빈치야. 너는 무엇이든지 할 수 있는 사람이란다. 할머니는 어떤 상황이든 네가 할 수 있을 거라고 믿는다.”

다빈치는 무표정하게 할머니를 바라보았지만 할머니의 믿음은 굳건했습니다. 할머니는 포기하지 않고 다빈치에게 끊임없이 용기를 불어넣어 주었습니다. 숨을 거두던 날까지 말입니다.

열등감에 시달렸던 다빈치는 스스로의 능력을 의심하였고, 그래서 처음엔 할머니의 말이 전혀 귀에 들어오지 않았습니다. 하지만 시간이 흐르면서 자신도 모르게 태도가 달라졌습니다.

‘할머니 말씀이 옳을지도 몰라. 나도 할 수 있어.’

할머니가 보여준 믿음 못지않게 다빈치를 성장시킨 가족이 또 있었습니다.

바로 작은 아버지였습니다. 다빈치는 아버지 집에서 할아버지, 할머니, 그리고 아버지의 막냇동생인 프란체스코와 함께 어린 시절을 보냈습니다. 프란체스코는 조카인 레오나르도 다빈치보다 고작 여섯 살 위였기에 다빈치와 형제처럼 지냈습니다. 포도밭을 가꾸며 살아가는 프란체스코는 풀의 이름이나 효능에 대해 잘 알고 있었습니다. 뿐만 아니라 동물의 습성이나 떠도는 전설 등 여러 방면에 이야깃거리가 넘쳤죠. 다빈치는 프란체스코와 이야기를 나누며 자연에 대한 호기심을 키웠습니다. 프란체스코와의 대화가 다빈치의 천재성을 키웠다고 해도 과언이 아니었습니다.

한편 다빈치의 아버지는 다빈치가 세상에서 당당히 살아가기를 원했습니다. 그래서 결정한 게 예술가의 길이었습니다. 당시 예술가의 신분은 높지 않았지만 대장장이나 재단사처럼 장인으로서 인정을 받았습니다.

▶ 다빈치의 대표작 〈모나리자〉

다빈치가 열다섯 살이 되자 아버지는 다빈치의 장래를 생각해 예술의 중심지 피렌체로 그를 데려갔습니다. 스케치에 소질을 보이던 아들에게 당대 최고의 화가이자 조각가였던 베로키오를 만나게 해준 것입니다. 그리고 그의 제자로서 기술을 배우게 했습니다.

다빈치는 다른 견습생들과 마찬가지로 허드렛일부터 시작했습니다. 화실 바닥 청소나 잔심부름 같은 일은 기본이었습니다. 물감이 묻은 붓을 빨고, 물감을 잘게 빻는 일 등을 도맡아 했습니다.

세월이 지나 그림 그리는 법을 조금씩 배우게 되자 그는 열심히 그림을 그리며 숨은 실력을 펼치기 시작했습니다. 그리고 스무 살 되던 해 마침내 절호의 기회가 찾아옵니다. 스승 베로키오가 〈그리스도의 세례〉란 작품을 그리게 된 것입니다.

베로키오는 그림의 중심인물을 그렸고, 나머지 주변인물은 제자들에게 맡겼습니다. 다빈치는 왼쪽에 있는 천사를 그리게 되었습니다. 다빈치는 속으로 외쳤습니다.

'드디어, 내 실력을 보여줄 때가 왔다!'

다빈치는 정성을 다해 자신이 맡은 부분을 그렸습니다. 살아 움직이

듯 생동감이 느껴지도록 그림에 온 정성을 쏟았습니다.

얼마 후 다빈치가 그린 천사를 본 사람들은 깜짝 놀랐습니다. 동료들은 물론이고 스승인 베로키오도 마찬가지였습니다. 스승을 뛰어넘는 솜씨를 보여주었기 때문입니다.

당시에는 계란 템페라 기법이라고 해서 계란에 색채 가루를 넣어 만든 물감으로 그림을 그리는 화법이 유행했습니다. 다빈치는 관행에서 벗어나 물감에 기름을 섞어 그림을 그렸습니다. 유화 기법을 이용해 처음으로 그림을 그렸던 것이죠. 이 유화 기법은 몇 년 전에 발명된 적이 있지만 남부 유럽에는 아직 전해지지 못한 상황이었다고 합니다.

이때 스승은 다빈치의 천재성을 단번에 알아챕니다. 그리고 그림 속의 인물 모두를 다빈치에게 그리게 하였습니다. 이후에도 베로키오는 후원을 아끼지 않았습니다. 다빈치가 자신과 경쟁하는 일이 없도록 스스로 붓을 놓았다고 전해집니다.

레오나르도 다빈치는 이후 화가는 물론, 조각가, 발명가, 건축가, 기술자, 해부학자, 식물학자, 도시 계획가, 천문학자, 지리학자 등 다양한 분야에서 활동하며 명성을 날렸습니다.

제대로 사람대접 받지 못하고 내성적인 성격 탓에 밖에 나가지도 못했던 다빈치, 그가 세상에 나올 수 있었던 것은 가족의 격려 덕분이었습니다. 격려의 한마디는 그 어떤 말보다 큰 힘이 된다는 사실을 꼭 기억하세요.

인물 알아보기

레오나르도 다빈치 *Leonardo da Vinci*

- 미술가, 과학자, 기술자, 사상가
- 국적: 이탈리아 / 출생지: 이탈리아 피렌체 근교의 빈치
- 출생-사망: 1452. 4. 15 ~ 1519. 5. 2
- 활동분야: 예술, 과학, 철학
- 주요 작품: 〈모나리자〉, 〈최후의 만찬〉
- 대표 명언:
  "잘 보낸 하루가 편안한 잠을 주듯이 잘 쓰인 일생은 평안한 죽음을 준다."
  "아는 것이 적으면 사랑하는 것도 적다."

Abraham Lincoln

링컨,
"왜 배우면 안 되나요?"

네 이놈! 또 쓸데없는 짓을 하고 있구나! 일을 해야 먹을 것이 생기지, 책만 읽는다고 먹을 것이 생기느냐!!
친구한테 땅을 조금 떼어 팔았으니까 가서 청소나 해!
척!
매매계약서
앗!
탁!
조금이 아니라 몽땅 파신 걸로 되어 있는데요?
뭐.. 뭐야?!
네 이놈의 자식을 그냥! 친구한테 사기를 쳐?!!
우다닥!
....
아버지. 아직도 책을 읽는 것이 쓸데없는 짓이라고 생각하세요?
계약서 읽는 정도의 공부는 해도 괜찮겠지.. 험험!!
큰일 날뻔 했네..
찌익-.

링컨은 미국 켄터키 주에서 가난한 농부의 아들로 태어났습니다. 일곱 살에 인디애나 주로 가족이 이사를 갈 때까지 그는 가족과 함께 깊은 산속 외딴 통나무집에 살았습니다. 하지만 이사를 가서도 가난한 생활은 이어졌습니다.

링컨은 집에서 몇 킬로미터 떨어진 곳에서 가끔 열리는 이동학교에 다니며 수업을 받았지만 그것만으로는 충분치 않았습니다. 결국 그는 가정 형편으로 인해 1년밖에 학교를 다니지 못했습니다. 링컨의 어머니는 어린 아들에게 성경책 한 권을 건네주며 이렇게 말했습니다. 어머니는 당시 명망 있는 귀족 집안 출신으로 현명한 여인이었습니다.

"사랑하는 에이브(링컨의 애칭)야. 이 성경책은 내 부모님으로부터 물려받은 것이란다. 내가 여러 번 읽어 많이 낡았지만 우리 집안의 값진 보물이지. 나는 너에게 100에이커의 땅을 물려주는 것보다 이 한 권의 성경책을 물려주는 것을 진심으로 기쁘게 생각한다. 에이브야, 너는 성경을 부지런히 읽고, 성경 말씀대로 하나님을 사랑하고, 이웃을 사랑하는 사람이 되어다오. 약속할 수 있겠니?"

링컨은 성경책을 항상 가까이하겠다고 어머니와 약속하였습니다. 그리고 몇 해가 지나 링컨이 열 살이 되던 해, 풍토병으로 고생하던 어머니가 세상을 떠나고 말았습니다. 어머니는 마지막으로 어린 두 자녀에게 이런 유언을 남겼습니다.

"너희들은 부자나 위인이 되기보다는 성경 읽기를 즐기는 사람이 되어라."

그녀는 살아 있을 때에도 저녁 식사를 마친 후에는 어린 자녀들을 무릎 위에 앉혀 놓고 한 권밖에 없는 성경을 꺼내어 읽어 주곤 했습니다.

훗날 링컨의 전기를 쓴 사람은 이렇게 말했습니다.

"하나님은 링컨에게 위대한 사람이 될 만한 조건을 한 가지도 주지 않으셨다. 다만 링컨에게는 빈곤과 훌륭한 신앙의 어머니를 주셨을 뿐이다."

링컨은 아버지와 함께 고된 노동을 하면서도 제힘으로 공부를 계속하였습니다. 어떤 때에는 필기구가 없어 숯으로 부삽에다 글씨를 쓰기도 하고, 먼 동네까지 찾아가서 책을 빌려 오기도 하였습니다. 그때마다 그의 아버지는 공부하는 어린 링컨을 심하게 꾸지람하였습니다.

"네 이놈, 너 또 쓸데없는 짓을 하고 있구나! 산골에서 일을 해야 먹을 것이 생기지, 책만 읽는다고 빵이 생기느냐?"

아버지는 링컨에게 큰소리로 야단을 쳤습니다.

▶ 아들에게 책을 읽어주고 있는 링컨

"아버지, 제발!"

"그 따위 쓸데없는 짓은 집어 치워!"

그의 아버지는 링컨이 농사를 지으며 살기를 바랐습니다. 아버지의 성화에 못 이긴 링컨은 읽던 책을 주머니에 넣고는 아버지를 따라 일터로 향하며 이렇게 중얼거렸습니다.

'책 읽는 것이 쓸데없는 짓이 아니라는 걸 언젠가 아버지도 아시게 될 거야.'

링컨은 아버지 몰래 책을 빌려다가 틈틈이 시간을 내어 읽고 또 읽었습니다. 그렇게 일을 하면서 공부하는 것이 일상이 되었습니다.

그러던 어느 날이었습니다. 아버지가 서류를 들고 와 링컨에게 이렇게 말했습니다.

"우리 땅을 팔았단다. 이게 그 매매 계약서야. 친한 사람이 하도 졸라 대기에 조금 떼어 팔았단다."

링컨은 그 계약서를 읽어보고는 어리둥절한 표정을 지었습니다.

"이 계약서에는 땅을 몽땅 다 파신 걸로 되어 있네요."

"뭐, 뭐라고? 조금만 팔기로 하였는데…."

아버지는 깜짝 놀랐습니다.

"그 사람이 우리 땅을 가로채려고 글을 모르는 아버지를 속인 거예요."

아버지는 화가 나서 계약서를 들고 부리나케 뛰어나갔습니다. 다행히 매매 계약을 취소하였고, 땅을 고스란히 찾아올 수 있었습니다.

그날 이후 링컨은 아버지에게 이렇게 물었습니다.

"아버지, 아직도 책 읽는 일이 쓸데없는 짓이라고 생각하세요?"

링컨의 물음에 아버지는 "매매 계약서 내용을 살펴보는 공부 정도는 괜찮단다"라고 말하고는 방을 나갔습니다. 그 후 아버지는 링컨이 책 읽는 것을 보아도 못 본 체하며 다시는 야단치지 않았답니다.

한편, 링컨이 열두 살 때 이웃 농부에게서 어렵게 빌려온《워싱턴 전기》를 밤새 읽고 창가에 놓아둔 채 잠이 든 적이 있었습니다. 아침에 눈을 떠보니 밤 사이 내린 비에 책이 흠뻑 젖고 말았습니다. 링컨은 비에 젖은 책을 들고 농부 아저씨에게 찾아가 말했습니다.

"죄송합니다. 책이 젖었어요. 대신 제가 일을 해서 책값을 물어 드리겠습니다."

링컨은 상황을 정중하게 이야기하며 진심으로 사과했습니다. 농부 아저씨는 링컨에게 이렇게 말했습니다.

"괜찮다. 책이 젖었지만, 읽을 수 있겠구나."

"아닙니다. 책값을 꼭 갚겠습니다."

그리하여 링컨은 책값으로 농부의 일을 사흘 동안 도와주었습니다. 농부는 링컨의 정직함과 성실함에 감동받아 자신의 책을 선물하였습니다. 그러고는 "너는 분명 훌륭한 사람이 될 것이다"라고 칭찬하였습니다.

한편, 어머니와 사별한 아버지는 2년 뒤에 새어머니를 맞았습니다. 아버지는 새어머니를 집으로 데려올 때 큰 거짓말을 했다고 합니다.

"내 농장의 안주인이 되어 주시오. 농장 일은 그리 어렵지 않습니다. 하인들이 아주 영리해서 알아서 잘하거든요."

혼자 세 아이를 키우며 가난하게 살아가던 새어머니 사라는 링컨 아버지의 말에 마음이 흔들렸습니다. 결국 그녀는 아버지의 청혼을 받아들였습니다. 그러나 링컨의 집에 도착했을 때, 자신의 눈을 의심했습니다. 농장이라는 곳은 잡초만 무성했고, 저택이라 한 곳에는 가구도 창문도 없는 낡은 오두막 한 채만 달랑 있었기 때문입니다.

거기에 하인들이라고 하는 아이들은 허름한 옷을 걸친 채 꾸벅 인사만 하고는 눈치를 살피며 구석에 서 있었습니다. 제대로 입지도 못하고 신발도 신지 못한 그 아이들은 하인이 아니라 바로 그의 어린 자식들이었던 것입니다.

새어머니가 거짓말에 속았다는 생각에 화가 나 그곳을 떠나려던 그 때, 슬픈 눈으로 자신을 바라보던 아이와 눈이 마주쳤습니다. 아이의 눈을 한참 동안 들여다보던 그녀는 길게 한숨을 쉬더니 이내 짐 가방을 내려놓으며 조용히 말했습니다.

"이 아이들의 어머니가 되겠어요."

"고맙소. 정말 고맙소!"

링컨의 아버지는 진심으로 고마워하며 눈물을 글썽거렸습니다. 그때 그녀와 눈이 마주친 아이는 바로 링컨이었습니다.

새어머니는 링컨이 특별한 아이라는 것을 알아보았고, 그를 사랑으로 감싸 안았습니다. 그녀는 링컨을 위해 5년 동안 이웃 부잣집에서 책을 빌려다 주었습니다. 덕분에 링컨은 독서 습관을 가지게 되었고, 이는 그가 훌륭하게 자랄 수 있는 밑거름이 되었습니다.

세월이 흘러 링컨의 집 근처 강에서 증기선이 운행하였습니다. 증기선은 수심이 얕은 강가에는 들어오지 못했는데, 청년이 된 링컨은 나룻배로 손님들을 증기선까지 태워다 주는 일을 하며 돈을 벌었습니다.

하루는 두 사람이 뛰어오며 링컨에게 소리쳤습니다.

"여보게, 저 증기선을 타려는데 시간이 없네. 빨리 증기선까지 태워다 주게."

링컨은 급히 그들을 나룻배에 태우고 힘껏 노를 저었습니다.

그때 뱃고동 소리가 울렸습니다. 그 뱃고동 소리는 잠시 후에 증기선이 출발한다는 신호였습니다.

"좀 빨리… 저 증기선을 놓치면 큰일나네."

손님들이 재촉하자 그는 온 힘을 다해 노를 저어서 가까스로 손님들을 증기선에 태웠습니다. 손님들은 고마워하며 링컨에게 뱃삯을 건넸습니다. 돈을 받은 링컨은 눈이 휘둥그래졌습니다.

"아니, 이렇게나 많이…."

그것은 은화 두 닢으로, 링컨이 사흘 동안 일해도 벌지 못하는 큰 돈이었습니다.

이처럼 유달리 키가 크고 힘이 셌던 링컨은 부지런하고 성실하여 어느 곳에서든지 많은 사람들에게 신임을 얻었습니다.

한편, 링컨은 젊은 시절 무척 가난하여 교통비가 없어 걸어 다니는 날이 많았습니다.

눈보라가 휘몰아치던 어느 겨울날, 급하게 시내에 나갈 일이 생겼는데, 가난한 그에게는 말과 마차가 없었습니다. 마침 그때 마차를 타고 시내에 가던 한 노신사를 만나게 되었습니다. 링컨은 노신사에게 이렇게 부탁하였습니다.

"어르신, 죄송합니다만 저의 외투를 시내까지 갖다 주실 수 있겠습니까?"

"외투를 갖다 주는 거야 어렵지 않지만, 어떻게 시내에서 자네를 만나 외투를 전해 줄 수 있겠나?"

신사의 말을 들은 링컨은 이렇게 대답했습니다.

"그거야 염려하실 것 없습니다. 제가 항상 그 외투 안에 있을 테니까요."

노신사는 "허허허" 하고 한바탕 웃더니 링컨을 시내까지 태워다 주었습니다.

이처럼 링컨은 힘든 상황에서도 어렸을 때부터 독서를 통해 얻은 기발한 생각과 유머 감각을 놓지 않았습니다.

그 후 링컨은 일을 하는 틈틈이 공부하여 그토록 어렵다던 변호사 시험에 합격했습니다. 그의 주변에는 그를 칭찬하는 소문이 자자했습니다.

"링컨은 믿을 수 있는 청년이야."

이 말은 입에서 입으로 널리 퍼져나갔습니다.

"링컨을 주 의회 의원으로 뽑읍시다."

이렇게 해서 정치계에 발을 들여놓은 링컨은 곧바로 하원의원 선거에 출마하여 당선되었습니다.

링컨이 하원의원으로 있을 때의 일입니다.

함께 마차를 타고 가던 대령이 시원한 위스키 한 잔을 권했습니다. 링컨은 정중하게 사양했습니다.

"대령님, 고맙지만 저는 위스키를 마시지 않습니다."

대령은 그럼 담배라도 한 대 피우라며 고급 담배를 권했습니다. 그는 그것도 사양했습니다.

"죄송합니다. 대령님, 저는 담배도 피우지 않습니다. 왜 제가 술과 담배를 안 하는지 이유를 말씀 드려도 되겠습니까?"

링컨은 어릴 적 이야기를 꺼냈습니다.

"제가 열 살 때 어머니께서 저를 침대 곁으로 부르시고는 이렇게 말씀하셨습니다. 그때 어머니께서는 몸이 많이 불편하셨습니다. '에이브야, 의사 선생님께서 내가 회복되지 못할 거라고 하시는구나. 나는 네가 훌륭한 사람이 되기를 진심으로 소원한단다. 내가 죽기 전에 약속 하나 해 줄 수 있겠니? 평생 술과 담배를 입에 대지 않겠다고 말이다.' 저는 그때 어머니께 그렇게 하겠다고 약속 드렸고 지금까지 어머니와의 약속을 지키고 있는 중입니다. 이것이 제가 술과 담배를 사양하는 이유입니다."

이 말을 들은 대령은 존경의 뜻을 표했습니다.

이후 그가 미국 16대 대통령에 당선되었을 때 축하하는 사람들이 그의 집에 몰려들었습니다. 참모들은 손님들에게 포도주나 위스키를 대접해야 하지 않겠느냐고 제안했습니다. 그러자 링컨은 단호하게 말했습니다.

"우리 집에는 술이 하나도 없습니다."

그러고는 축하객들에게 다음과 같이 말했습니다.

▶ 노예해방선언 초안을 내각에 발표하는 모습을 묘사한 그림(카펜더)

"사랑하고 존경하는 여러분, 저는 오늘 포도주나 위스키로 여러분을 대접하지 못함을 죄송하게 생각합니다. 그러나 이것은 저의 신앙이며, 어릴 적 어머니와의 약속을 지키기 위함입니다. 오늘은 제가 평소에 포도주 대신 애용하고, 가족들에게도 권하는 음료를 여러분에게 대접하려고 합니다. 이 음료는 샘에서 방금 길어 온 생수인데 시원하고 건강에도 참 좋습니다. 자, 함께 마십시다!"

사람들은 링컨의 검소함과 어머니와의 약속을 지키려는 모습에 큰 감동을 받았습니다.

링컨은 대통령이 된 후에도 근면하고 청빈하게 생활하였습니다.

어느 날 비서가 서류를 들고 대통령 집무실로 급히 가는데, 복도 한쪽 구석에서 어떤 사람이 구부리고 앉아 구두를 닦는 것이 보였습니다. 그냥 지나치려다 다시 살펴보니 구두를 닦는 사람은 다름 아닌 링컨이었습니다. 비서는 놀라서 한동안 서 있다가 이내 정신을 가다듬고 조심스럽게 물었습니다.

"손수 구두를 닦으시다니 어찌된 일이십니까?"

그러자 링컨은 태연하게 말했습니다.

"내가 내 구두를 닦는데 무엇이 잘못되었단 말인가? 대통령은 구두를 닦으면 안 될 이유라도 있단 말인가? 자네의 그 생각은 매우 잘못된 것

일세. 자네는 대통령이 구두를 닦으면 체면이 손상된다고 생각하는 모양인데, 대통령이란 무엇인가? 결국 국민을 위해서 봉사하는 일꾼이 아닌가? 대통령이나 구두닦이나 일꾼이기는 마찬가지야, 직업에는 귀천이 없는 법일세."

그는 끝내 구두를 다 닦은 뒤에야 비서가 가져온 서류에 결재하였습니다.

한편, 그가 대통령으로 있을 때 미국에서는 남북전쟁이 일어났습니다. 링컨은 북군을 지휘하는 입장이었는데, 전쟁에서 이기기 위해서는 국민의 힘을 한데 모아야 한다고 생각했습니다. 그는 이렇게 말했습니다.

"미국이 한 나라로 통합되기 위해서는 모든 사람들이 자유와 평등을 누려야 합니다."

그는 1863년 노예해방을 선언하였습니다. 링컨의 노력으로 흑인들은 노예에서 벗어나 자유를 되찾을 수 있었습니다.

이후 남북전쟁에서 북군이 승리하면서 링컨은 노예제도를 폐지하였습니다. 비로소 미국이 자유와 평등을 누리는 하나의 나라로 통합된 것이죠.

그 후 링컨이 리치먼드를 방문했을 때 흑인들이 무릎을 꿇으며 고마워하자 링컨은 당황해하며 이렇게 말했습니다.

"여러분, 나는 신이 아닙니다. 여러분은 오로지 하느님 앞에서만 무릎을 꿇으십시오."

링컨이 이렇게 말해도 흑인들은 일어나지 않았습니다. 그러고는 자신들을 노예에서 해방시켜 준 링컨을 위해 합창하였습니다.

이후 링컨은 1865년, 그에게 반감을 가졌던 남부의 한 젊은이의 총에 맞아 목숨을 잃고 말았습니다. 비록 가난한 집안에서 태어났으나, 두 어머니의 사랑 덕분에 언제나 성실하고 정직하게 살았던 링컨. 비극적인

죽음에도 불구하고, 그에 대한 찬사는 오늘날까지 이어지고 있습니다.

인물 알아보기

에이브러햄 링컨 *Abraham Lincoln*

- 미국 16대 대통령
- 국적: 미국 / 출생지: 미국 켄터키 주 호젠빌
- 출생-사망: 1809. 2. 12 ~ 1865. 4. 15
- 활동분야: 정치
- 주요 업적: 〈노예해방선언문〉 공포
- 대표 명언:
  "국민의, 국민에 의한, 국민을 위한 정치"
  "나는 천천히 걷지만,
  절대로 뒤로 걷지 않는다."

아이의 말에 귀 기울여 주세요

아인슈타인이 의사로부터 저능아라는 판정을 받았을 때에도, 학교 가는 게 싫어서 집 안에 틀어박혀 있을 때에도 아인슈타인의 어머니는 아들을 이해하고 감싸 안으며 희망과 용기를 북돋아 주었습니다.

지금 부모 앞에 자녀가 이런 성적표를 받아 왔다면 과연 어떤 일이 벌어질까요? 아마 초상집 같은 분위기에서 부모는 모든 기대가 무너졌다며 낙담할 것입니다. 부끄럽지만 이것이 오늘날 대부분 가정의 모습입니다.

아인슈타인의 어머니는 열다섯 살에 아인슈타인이 김나지움에서 쫓겨났을 때도 따뜻한 가슴으로 아들을 격려하며 용기를 심어주었습니다. 그래서 아인슈타인의 천재성이 어머니라는 따뜻한 토양에서 온전히 싹튼 것입니다.

아인슈타인의 어머니는 아들이 이해하지 못할 행동을 한다고 해서 자신의 사고방식을 강요하지 않았습니다. 오히려 자녀의 의견을 존중했습니다. 아들이 왜 그런 행동을 하는지에 초점을 맞췄고, 용기를 불어넣어 주었습니다.

다만 독서의 중요성을 강조했습니다. 그 결과 아인슈타인은 어려운 책을 독파했고, 특히 과학에 관심을 갖게 되었습니다. 실제로 아인슈타인은 청소년 때까지 문장 하나도 제대로 쓰지 못했다고 합니다. 그럼에도 그의 어머니는 아들을 기다려 주었습니다. 자녀가 다른 아이들보다 학습 능력이 떨어진다고 해서 무작정 공부를 시키는 것이 아니라, 아인슈타인의 어머니처럼 아이 스스로 발전할 계기를 마련해 주는 것이 바로 부모의 역할입니다.

2

pride

나는 부모님의 자부심이다

한석봉, 어머니의 끝없는 사랑
베토벤, 아버지의 강압이 무서워요
에디슨, 궁금한 게 너무 많아요
아이젠하워, 장난꾸러기의 놀라운 변화

Han Seok-bong

한석봉,
"어머니의 끝없는 사랑"

조선 중기인 1543년 개성에서 태어난 한석봉은 원래 이름인 한호보다 호인 석봉이 더 알려져 '한석봉'으로 불렸습니다. 한석봉의 아버지는 그가 어렸을 때 세상을 떠났고, 어머니가 떡을 팔아 겨우 살림을 꾸렸습니다. 석봉은 어려서부터 스스로 붓글씨를 익혔는데, 어려운 가정 형편 탓에 먹과 종이를 살 수 없었던 그는 종이 대신 항아리 조각 위에, 먹 대신 물을 찍어 붓글씨 연습을 하였습니다. 어머니가 그 모습을 보고는 어려운 형편에도 종이와 먹을 구해다 주며 그를 지지했다고 합니다.

세월이 흘러 그의 어머니는 그가 더욱 열심히 공부할 수 있는 곳을 찾아주기로 하였습니다. 여러 곳을 수소문한 결과 금강산에 있는 한 사찰을 알게 되었고, 어머니는 석봉에게 그곳에 들어가 글공부를 열심히 하라며 격려하였습니다.

절에 들어간 석봉은 3년 동안 열심히 공부하였습니다. 이제 어느 정도 글씨를 잘 쓸 수 있다는 생각이 들자, 그는 그동안 보지 못한 어머니가 보고 싶어졌습니다. 어머니를 하루라도 빨리 보고 싶은 마음에 그는 짐을 대충 챙겨 집으로 향했습니다.

그가 집에 도착했을 때는 이미 한밤중이었습니다. 그럼에도 어머니는 방에 불을 켜놓고 무언가를 열심히 하고 있는 것 같았습니다. 창호지에 비친 어머니의 그림자를 보고 석봉은 반가운 마음에 방문을 열었습니다.

"어머니 저 왔습니다. 석봉이가 왔어요."

3년 만에 돌아온 아들을 반기기는커녕 어머니는 싸늘한 표정으로 물었습니다.

"너는 왜 공부를 더 하지 않고 벌써 돌아온 것이냐?"

"이제 제법 공부를 많이 한 것 같고, 글씨도 어느 정도 잘 쓰는 것 같기도 하고, 또 어머니도 보고 싶어서 왔습니다."

어머니가 보고 싶어 왔다는 석봉의 말에 어머니는 무서운 표정으로 호통쳤습니다.

"사내가 한번 뜻을 세웠으면 끝까지 밀고 나가야지, 벌써 공부를 다 했다고 돌아온 것이냐. 어디 네가 그동안 얼마나 공부를 했는지 한번 봐야겠구나. 네 글씨 실력을 시험해 볼 테니 글씨를 쓸 준비를 하고 불을 끄거라."

석봉은 어머니가 말한 대로 글씨를 쓸 준비를 마쳤습니다. 어머니는 불을 끄고는 석봉에게 "나는 떡을 썰 테니 너는 글을 쓰거라"라고 말하였습니다.

그리하여 캄캄한 방에서 어머니는 떡을 썰고 석봉은 글씨를 썼습니다. 그리고 잠시 뒤 다시 등잔불을 켰습니다.

"보거라. 네가 쓴 글씨와 내가 썬 떡의 모양을."

석봉은 자기가 쓴 글씨와 어머니가 썬 떡을 번갈아 보았습니다. 어머니가 썬 떡은 자로 잰 듯이 가지런한데, 자신이 쓴 글씨는 봐줄 수 없을 정도로 형편이 없었습니다. 이를 본 어머니는 석봉에게 이렇게 말했습니다.

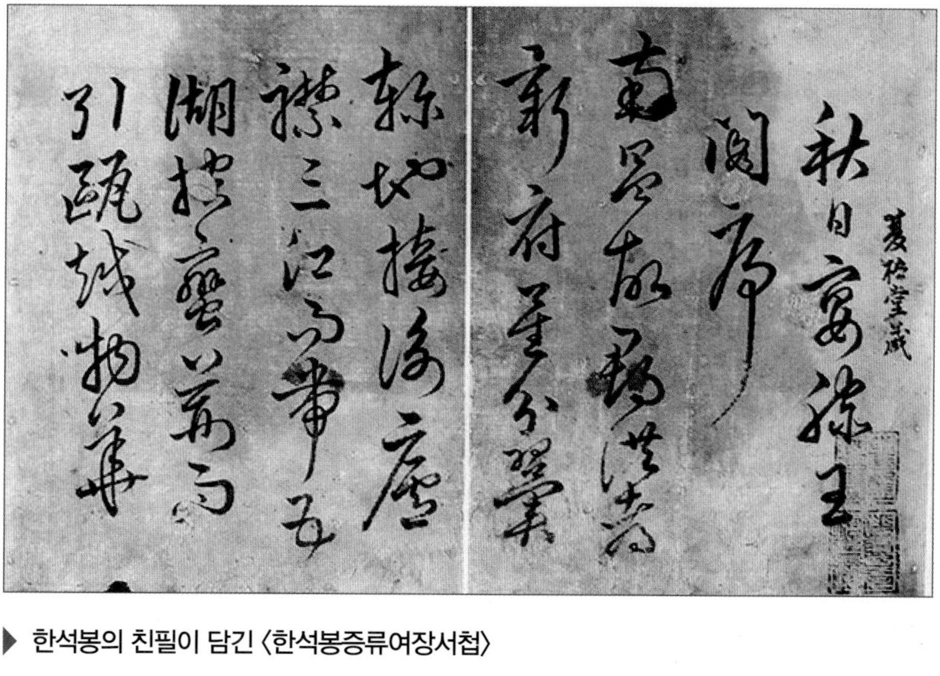

▶ 한석봉의 친필이 담긴 〈한석봉증류여장서첩〉

"지금 이런 실력으로 공부를 다 했다고 절에서 내려왔느냐? 이 길로 다시 절에 들어가서 더 열심히 공부에 매진하거라. 그리고 처음 네가 생각했던 목표를 이루었을 때 다시 내려오거라."

지금 당장 돌아가라는 어머니의 말에 석봉은 울음을 참으며 애원하였습니다.

"어머니, 모처럼 집에 왔는데 하룻밤만이라도 묵고 가게 해주십시오."

하지만 어머니는 단호했습니다.

"안 된다. 그 실력을 가지고 공부했다는 네 모습이 너무 창피하구나. 한시도 머뭇거리지 말고 어서 떠나거라."

석봉은 절에 돌아가 어머니의 말씀을 마음속에 새기며 더욱 열심히 공부하였습니다.

끊임없이 노력한 결과, 석봉은 열다섯 살에 향시에 급제하고, 스물다섯 살에 진사에 합격하여 고을 현령과 가평군수를 지냈습니다.

관리가 된 뒤에도 석봉은 글씨 연습을 게을리하지 않았습니다. 당시 중국의 명필인 왕희지와 안진경의 필체를 열심히 익히고, 노력한 끝에 석봉은 자신만의 필체인 '석봉체'를 개발하였습니다. 석봉은 한창 명성을 날릴 때에는 국가 문서와 명나라에 보내는 외교 문서를 도맡아 썼으며, 중국 사신이 조선을 방문했을 때에도 서사관으로 함께 파견되기도 하였습니다. 한편, 선조 임금의 특별한 사랑을 받았다고 전해지는데, 임금이 직접 그에게 "하늘과 땅과 그대의 글씨가 조화를 이루었도다"라고 칭찬하는 글을 보낼 정도였다고 합니다.

또한 그에게 천자문을 쓰게 하여 이를 교재로 널리 사용하도록 하였습니다. 석봉의 서체가 국서체가 된 것이죠. 이 밖에도 그는 당대의 문인이었던 차천로, 최립, 허균 등과 교류할 만큼 문학적 재능도 상당한 위치에 올라 있었습니다.

우리나라에서 최고의 명필로 꼽히는 두 사람이 있습니다. 한 사람은

바로 석봉 한호이고, 다른 사람은 그보다 약 180년 뒤에 태어난 추사 김정희입니다.

김정희의 작품은 지금까지 많이 남아 있지만, 안타깝게도 한석봉의 작품은 친필이 남아 있지 않고 비문으로만 남아 전해진다고 합니다. 명필가로서 명성을 떨친 그는 이후 고향에 돌아가 여생을 보내다가 1605년 세상을 떠났습니다.

어머니의 뒷바라지와 함께 끊임없는 노력으로 명필의 자리에 오른 한석봉, 그의 이야기는 우리에게 좋은 귀감이 되고 있습니다.

인물 알아보기

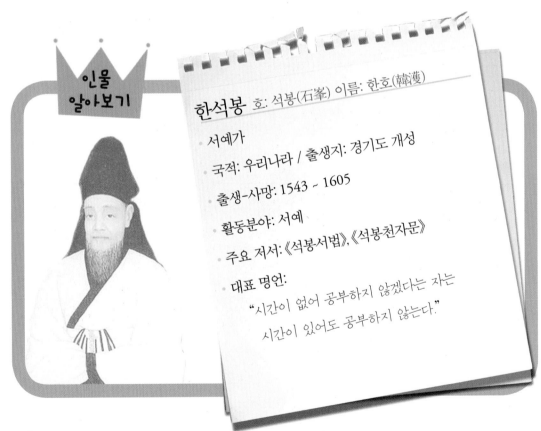

한석봉 호: 석봉(石峯) 이름: 한호(韓濩)

- 서예가
- 국적: 우리나라 / 출생지: 경기도 개성
- 출생-사망: 1543 ~ 1605
- 활동분야: 서예
- 주요 저서: 《석봉서법》, 《석봉천자문》
- 대표 명언:
  "시간이 없어 공부하지 않겠다는 자는 시간이 있어도 공부하지 않는다."

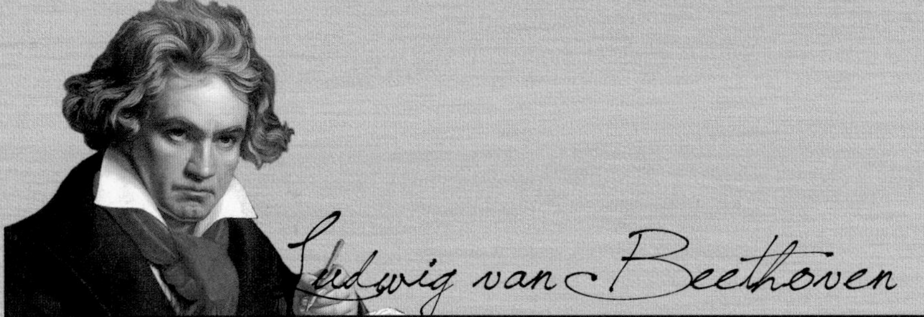

베토벤, "아버지의 강압이 무서워요"

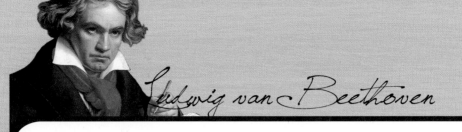

음악의 성인이라 불리는 베토벤은 독일 본에서 가난한 음악가의 아들로 태어났습니다. 그는 네 살 때부터 피아노를 치기 시작하면서 신동 소리를 듣고 자랐습니다. 그의 음악적 재능은 궁중 음악가였던 그의 할아버지로부터 물려받은 것이었습니다.

베토벤의 아버지 요한도 역시 궁중 음악가로 일하고 있었지만 음악적 재능은 뛰어나지 못했습니다. 대신 아들의 재능을 일찍 발견하여 베토벤에게 매일 피아노 연습을 시켰습니다. 그렇다고 가정적이고 훌륭한 아버지는 아니었습니다. 지독한 알코올중독자로서 하루가 멀다 하고 술주정을 부리기 일쑤였습니다.

그의 아버지는 베토벤을 모차르트처럼 위대한 음악가로 키우고 싶어 했습니다. 때문에 술에 취해 밤늦게 집에 들어와서는 자고 있는 베토벤을 깨워 피아노를 쳐보라고 윽박질렀습니다. 겁에 질린 베토벤은 아버지가 시키는 대로 피아노 앞에 앉았지만, 너무 무서워서 제대로 연주할 수가 없었습니다. 아버지는 연주가 엉망이라며 회초리로 어린 베토벤의 몸을 사정없이 때렸습니다. 보다 못한 어머니가 아버지가 들고 있는 매를 빼앗으려 했지만, 아무런 소용이 없었습니다.

"왜 내가 열심히 피아노 연습을 하라고 했는데, 왜 연습하지 않는 거야?"

맨정신이 아닌 아버지는 밤중에 고래고래 소리를 지르며 어린 아들에게 모진 말을 퍼부었습니다. 한참을 그러다가 코를 골며 잠들기 일쑤였습니다. 베토벤은 혹시나 아버지가 깰까 봐 아무 소리도 내지 못하고 구석에 앉아 숨죽여 울 뿐이었습니다. 겁에 질린 베토벤이 안쓰러운 어머니는 베토벤을 꼭 안으며 이렇게 말했습니다.

"베토벤아. 아버지는 네가 미워서 때리는 것이 아니라, 네가 더 위대한 음악가가 되었으면 하는 것이니 너무 슬퍼하지 말거라."

베토벤은 말없이 눈물만 흘렸습니다. 어린 그가 할 수 있었던 것은 어머니의 가슴에 안겨 서럽게 우는 것뿐이었습니다.

베토벤을 무척 사랑했던 어머니는 가정의 화목을 위해 무던히 노력했지만, 술주정뱅이 아버지는 달라지는 것이 하나도 없었습니다. 그래서 이런 날이 수없이 반복되었습니다.

아버지로부터 강압적인 교육을 받은 베토벤은 여덟 살 때 처음으로 피아노 연주회를 열었습니다. 그 후로 몇몇 음악가로부터 피아노, 오르간, 바이올린 교습을 받으며 실력을 키웠습니다. 열여섯 살이 되던 해에는 모차르트를 동경하여 빈으로 유학을 떠났습니다. 그곳에서 베토벤은

▶ 20대 때의 베토벤(1804)

당시 최고의 음악가인 모차르트 앞에서 즉흥 연주를 할 기회를 얻게 되었습니다. 어린 베토벤의 연주를 들은 모차르트는 옆자리의 친구에게 이렇게 속삭였다고 합니다.

"두고 보게, 저 녀석은 틀림없이 세계를 놀라게 할 음악가가 될 테니."

하지만 이후에 베토벤은 모차르트와 만날 수 없었습니다. 그가 빈에 머문 지 불과 3주가 안 됐을 무렵 어머니가 위독하다는 연락을 받고 다시 본으로 돌아가야 했기 때문입니다.

그는 어머니 곁을 지키며 어머니를 극진하게 보살폈지만 결국 어머니는 그의 곁을 떠나고 말았습니다.

어머니가 세상을 떠난 후 베토벤은 어린 나이에 술주정뱅이 아버지와 두 남동생을 부양해야 할 처지에 놓이게 되었습니다. 그때까지도 베토벤은 모국어인 독일어조차 제대로 읽고 쓸 줄 몰랐습니다. 열한 살에 학교를 그만둔 후로 학교교육을 받은 일이 없었기 때문입니다. 다행히

본의 명문 집안에 출입하면서 많은 예술가와 예술 애호가들로부터 문학, 철학, 역사 등 여러 방면의 지식은 어느 정도 귀로 들어 익힐 수 있었습니다.

어려운 여건에도 베토벤은 음악 공부를 더욱 열심히 하여 음악가로서의 지위를 굳혀 갔습니다. 하지만 그 무렵 그에게 또 다른 시련이 찾아왔습니다. 그의 나이 스물다섯 살이 되었을 때, 어느 날부터인가 귓속에서 이상한 소리가 들리는 것이었습니다. 처음에는 그저 가끔 이명이 들리는 정도였으나 점차 악화되더니 5년 후에는 귓병이 심해졌습니다. 그러나 그는 도저히 참을 수 없는 지경에 이르러서야 의사를 찾아갔습니다.

의사는 그의 상태를 보자 이미 심각해졌음을 파악하고 시골에 내려가 요양할 것을 권유했습니다. 그렇게 베토벤은 의사의 권유에 따라 시골로 요양을 하러 내려갔습니다. 그곳에서 어느 정도 몸이 회복되자, 베토벤은 기쁜 마음으로 의욕을 되찾고, 〈제2교향곡〉 등을 작곡하였습니다.

몇 달이 지난 후, 그의 제자인 리스가 찾아왔습니다. 두 사람은 오솔길을 산책했는데, 리스는 주변에서 일어나는 광경을 스승에게 표현했습니다.

"시냇물 소리도 듣기 좋고 새들의 노래도 참 흥겹습니다."

그런데 베토벤에게는 더 이상 주위의 소리가 하나도 들리지 않았습니다. 비탄에 잠긴 베토벤은 체념하고 스스로 목숨을 끊기로 결심했습니다.

"누구보다도 완벽해야 할 청각을 나날이 잃어 가고 있으니 살아갈 용기가 나겠는가?"

그는 이렇게 유서를 섰는데, 막상 쓰고 나니 예전보다 자신감을 갖고 살고 싶다는 욕심이 생겼다고 합니다. 그때 그의 나이 서른한 살이었습니다.

그는 신이 자신에게 인류를 위해 열심히 작곡하라는 지시를 내린 것으로 생각하며, 더욱 왕성한 작곡 활동을 이어갔습니다. 베토벤은 아무런 소리도 듣지 못하는 상태에서도 1812년까지 교향곡과 피아노협주곡, 바이올린협주곡, 피아노 소나타 외에도 많은 작곡을 하였습니다.

이후 1826년 가을, 베토벤은 조카를 데리고 막냇동생 요한을 만나러 가는 길에 감기에 걸리고 말았습니다. 빈에 도착했을 때는 이미 폐렴으로 발전된 상태였습니다. 그리고 다음 해인 1827년 3월 26일, 베토벤은 병상에서 끝내 일어나지 못하고 숨을 거두고 말았습니다.

오늘날 베토벤이 있기까지는 어머니의 보살핌과 아버지의 혹독한 훈련이 있었습니다. 쇠도 두들겨야 더 단단해지듯, 그는 아버지를 향한 반항심은 내려놓았습니다. 그리고 자신의 음악적 재능을 위한 밑거름으로 삼아 훌륭한 작곡가로 성장할 수 있었습니다.

이처럼 우리도 눈앞이 깜깜하더라도 밝은 앞날을 기대하며 한 발짝씩 나아가야 할 것입니다.

인물 알아보기

루트비히 판 베토벤 *Ludwig van Beethoven*

- 음악가
- 국적: 독일 / 출생지: 독일 본
- 출생-사망: 1770. 12. 17 ~ 1827. 3. 26
- 활동분야: 고전음악(작곡)
- 주요 작품: 〈영웅 교향곡〉, 〈운명 교향곡〉
- 대표 명언:
  "가장 뛰어난 사람은 고뇌를 통하여 환희를 차지한다."
  "미움은 미워한 사람 자신에게 돌아온다."

Thomas Alva Edison

에디슨,
"궁금한 게 너무 많아요"

소리를 담는 축음기, 사람의 움직이는 모습을 기록하는 영화 촬영기를 비롯해 일생 동안 1000여 종이 넘는 물건을 발명한 발명왕 에디슨. 수많은 발명품이 그의 손에서 탄생됐지만, 정작 그도 처음부터 모든 것을 척척 만들어 내지는 못했다고 합니다.

에디슨은 1847년 미국 오하이오 주의 밀란에서 제재소를 경영하던 아버지 새뮤엘의 셋째 아들로 태어났습니다.

보통 갓난아기가 태어날 때 세상 빛을 보고 '으앙' 하고 울기 마련인데, 에디슨은 답답하게도 한참 동안 울지 않았다고 합니다. 그런 그는 자라면서 자주 엉뚱한 짓을 했습니다. 특히 이상하고 신기한 물건만 보면 하도 질문을 하는 통에 어른들을 당황시키곤 했습니다. 그는 자신의 질문에 어른들의 답변이 부족하다고 생각되면 직접 실험을 하기도 했습니다.

한번은 불이 어떻게 타오르는지 알고 싶어서 마른풀에 불을 질러 창고까지 다 태워버리고 말았습니다. 이에 놀란 그의 아버지는 동네 한 가운데서 마을 사람들이 지켜보는 가운데 그를 때렸습니다. 아버지에게

두들겨 맞는 에디슨을 그의 어머니는 따뜻한 가슴으로 감싸 안으면서 에디슨의 용기를 꺾지 않으려고 애썼습니다.

"에디슨아. 아버지한테 매를 맞았을 때 많이 아팠지? 그러나 창고만 태웠으니 다행이지 뭐냐. 만약에 이 집을 태웠으면 어쩔 뻔했어? 앞으로 실험을 하고 싶으면 엄마와 의논했으면 좋겠구나."

에디슨은 어머니의 자상한 말을 듣기만 할 뿐 아무 대답도 하지 않았습니다. 어머니도 아들의 마음을 속 시원히 알지 못해 답답했지만 더 이상 채근하지 않았습니다.

그 후 얼마 동안은 조용히 지내던 에디슨은 또다시 실험을 해보려다가 큰일을 저지르고 말았습니다. 읽던 책에서 풍선에 가스를 집어넣으면 풍선이 공중에 떠오른다는 내용을 보고 불현듯 '사람의 몸속에 가스를 집어넣으면 몸이 풍선처럼 공중에 둥둥 떠다니지 않을까?' 하고 실행에 옮긴 것입니다

'친구의 몸속에 가스를 넣으면 새처럼 이 산 저 산을 날아다닐 거야. 어서 실험을 해봐야겠어.'

그렇게 에디슨은 옆집에 사는 친구 톰에게 가스가 발생하는 약을 먹인 후 그 옆에 쪼그리고 앉아서 친구를 관찰했습니다. 어서 친구가 공중에 떠오르기를 기다렸지만, 좀처럼 친구는 떠오르지 않았습니다. 에디

슨은 더 이상 궁금해서 견딜 수가 없었습니다.

"톰, 가스가 발생하는 약을 먹었으니 몸이 가벼워지지 않니?"

에디슨이 묻자 톰은 괴로운 듯이 얼굴을 찡그리며 말했습니다.

"몸이 가벼워지는 것이 아니라 배가 아파 못 참겠어. 아이고 배야!"

"톰아. 이제 가스가 만들어지느라고 배가 아픈 거야. 조금만 참아봐."

에디슨은 친구가 공중에 떠오를 것만 머릿속에 그리며 실험이 성공한다고 신이 나서 떠들었습니다.

"아이고 배야. 아이고 배야."

톰은 배를 움켜쥔 채 창고 바닥에 데굴데굴 구르면서 소리소리 질러댔습니다. 이 소리를 듣고 달려온 아버지가 급히 톰을 병원으로 데려가서 톰은 무사히 위험에서 벗어날 수 있었습니다.

그러나 에디슨은 아버지의 이런 행동이 이해되지 않는다는 듯 혼자 중얼거리기만 하였습니다.

"조금만 참았으면 톰이 공중에 둥둥 떠다니는 것을 볼 수 있었을 텐데…."

에디슨은 친구가 위험하다는 것보다 실험을 중간에 중지한 것이 못내 아쉬웠던 것입니다.

이 사건으로 인하여 온 동네가 발칵 뒤집히자, 에디슨의 아버지는 실험실의 물건을 모조리 치우고 문을 단단히 잠가 버리고 말았습니다. 그러자 어머니는 남편에게 애원하다시피 설득하여 에디슨에게 실험실을 되찾아 주었습니다.

이 사건이 있은 후 며칠 동안 에디슨은 자주 어디론가 사라지곤 했습니다. 어머니는 에디슨을 찾으러 여기저기 돌아다녔는데, 그러다가 닭장에서 에디슨을 발견했습니다. 에디슨은 닭장 구석에 가만히 웅크리고 엎드려 있었습니다.

어머니가 놀라 "거기서 무얼 하니?" 하고 묻자, 에디슨은 "지금 병아리가 부화되라고 알을 품고 있는 중이에요"라며 천연덕스럽게 대답하였습니다.

결국에는 계란이 모두 깨져 버렸지만, 에디슨의 엉뚱한 행동을 보고 어머니는 생각했습니다

'다른 아이들과 너무나 다른 저 아이를 어떻게 키워야 할까?'

세월이 흘러 학교에 들어간 에디슨은 입학한 지 얼마 지나지 않아 학교에 가기 싫다고 고집을 부렸습니다.

"어머니! 선생님이 저더러 저능아라고 말해요. 그래서 친구들도 나를 놀려요."

그 말을 들은 어머니는 담임선생님을 만나 이야기를 들어보았습니다.

"에디슨은 아무래도 저능아 같습니다"라고 선생님이 말하자 어머니는 "선생님께서는 왜 그렇게 생각하시는 거죠?" 하고 날카롭게 되물었습니다. 그러자 선생님은 다음과 같이 말하였습니다.

"에디슨은 국어 시간에는 그림을 그리고, 사회 시간에는 갑자기 '별은 왜 하늘에서 떨어지지 않는가요?'라고 엉뚱한 질문을 하는 바람에 수업 분위기를 흐려 놓기 일쑤입니다. 그래서 앞으로 더 가르쳐도 소용없을 것 같은데 학교에 그만 보내는 것이 어떨까요?"

"에디슨은 결코 저능아가 아닙니다. 다른 아이보다 사물에 대한 관심이 많을 뿐이죠. 어머니인 제가 자식에 대해서 알지 못한다면 누가 알겠어요. 저도 더 이상 이 학교에 아이를 맡기고 싶지 않네요."

어머니는 담임선생님께 당차게 말한 다음, 옆에 우두커니 서 있는 아들에게 다정히 말했습니다.

"걱정하지 말거라. 어머니는 우리 에디슨이 혼자서도 충분히 공부를 잘할 수 있을 거라고 믿는단다."

어머니의 손을 잡고 교문을 나서면서 에디슨은 마음속으로 굳게 결심했습니다.

'그래, 난 할 수 있어. 나를 믿어주는 어머니를 위해서라도 열심히 해야지.'

그날 어머니의 모습은 에디슨의 가슴속에 깊은 인상을 남겼습니다.

에디슨은 이때의 일을 다음과 같이 회상했습니다.

"나는 매우 기뻤습니다. 나를 그렇게까지 믿어주는 어머니의 판단에 실망을 안길 수 없다고 생각했습니다. 반드시 훌륭한 사람이 되어 어머니의 신뢰에 보답해야겠다고 다짐했습니다."

그로부터 3년간 어머니는 학교 선생님을 대신해 에디슨에게 읽기, 쓰기 등을 가르쳤습니다. 그리고 최대한 많은 책을 읽도록 하였습니다. 또한 에디슨을 위해 따로 실험실을 마련해 주기도 했습니다. 사실 에디슨의 어머니 낸시는 목사의 딸로 교사 출신이었습니다.

에디슨은 어머니의 도움으로 어려운 책들을 읽을 수 있었습니다. 사실 그는 열아홉이 될 때까지 문장을 완성하지 못해 편지 한 장도 제대로 쓰지 못했습니다. 그러나 그의 어머니는 조급해하지 않고 시간을 들여 천천히 읽기, 쓰기를 가르쳤습니다. 어머니의 인내심이 아들에게 배우는 즐거움, 독서하는 기쁨을 심어 준 것이죠. 이것이 훗날, 그에게 헤아릴 수 없이 큰 도움을 주고, 그의 학문 연구의 바탕이 되었습니다. 당시 어머니가 에디슨에게 권유한 책은 로마제국 흥망사나 영국사 같은 역사책부터, 윌리엄 셰익스피어나 찰스 디킨스의 고전 명작 등 분야가 다양했습니다.

어느 날은 어머니가 에디슨에게 《자연철학자들》이라는 책을 선물하였습니다. 이상하리만치 강한 호기심에 사로잡힌 그는 이 책에 기록된 실험을 차례차례 해나가기 시작했습니다. 이것이 계기가 되어 물리학이나 화학 분야의 책이 나올 때마다 반드시 읽어 보았고, 과학에 큰 관심을 갖게 되었다고 합니다. 이처럼 단 한 권의 책이 위대한 과학자의 탄생을 가져온 것입니다.

"내가 다닌 학교는 나의 실험실이고, 나를 가르치신 교수는 바로 나의 어머니다."

"천재란 99퍼센트가 땀이며, 나머지 1퍼센트가 영감이다."

그가 남긴 말들은 그가 일생 동안 몸소 깨우친 것이었습니다.

에디슨은 1931년 84세의 나이로 세상을 떠날 때까지 수많은 발명 특허를 내며 발명왕으로 불렸습니다. 이처럼 에디슨이 발명왕이 되기까지는 그의 뒤에서 답답하고 아픈 가슴을 쓸어내리며 인내한 어머니의 희생이 있었습니다.

인물 알아보기

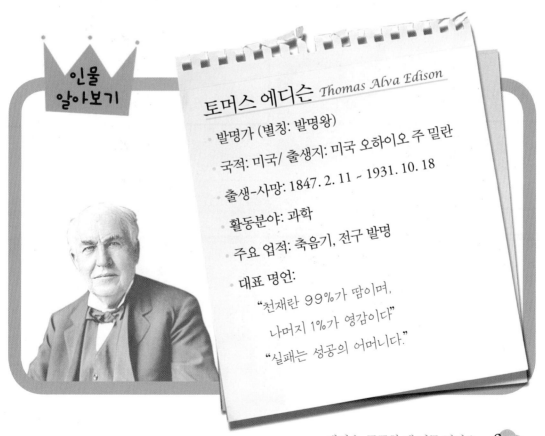

토머스 에디슨 *Thomas Alva Edison*

- 발명가 (별칭: 발명왕)
- 국적: 미국/ 출생지: 미국 오하이오 주 밀란
- 출생-사망: 1847. 2. 11 ~ 1931. 10. 18
- 활동분야: 과학
- 주요 업적: 축음기, 전구 발명
- 대표 명언:
  "천재란 99%가 땀이며, 나머지 1%가 영감이다"
  "실패는 성공의 어머니다."

Dwight Eisenhower

아이젠하워,
“장난꾸러기의 놀라운 변화”

제2차 세계대전 연합군 총사령관이자, 미국 34대 대통령인 드와이트 아이젠하워는 미국 텍사스의 한 농가에서 여섯 형제 가운데 셋째로 태어났습니다. 그는 근면 성실한 아버지와 현명한 어머니 밑에서 자랐는데, 그의 부모는 어려운 형편에도 여섯 아들을 신의 선물이라고 여기며 어느 아들도 편애하지 않았습니다. 어머니는 아들들에게 교대로 집안일이나 농장 일을 시켰는데, 늘 공평하게 일거리를 나누었습니다.

어느 날 저녁, 어머니가 온 식구가 둘러앉은 식탁에 큼지막하고 먹음직스러운 파이를 올려놓고 첫째 아들에게 이렇게 말했습니다.

"얘야, 파이를 모두에게 한 조각씩 돌아가도록 나누어 보거라."

첫째 아들이 파이를 여덟 조각으로 나누었습니다. 그러자 어머니는 나머지 다섯 아들에게 말했습니다.

"자, 그럼 첫째를 제외한 너희들이 먼저 파이를 하나씩 가져가거라."

다섯 아들들은 각자 가장 커 보이는 파이 조각을 하나씩 집어 갔습니다. 심지어 어머니도 남겨진 파이 가운데 제일 큰 것을 집었습니다. 첫째 아들은 마지막에 남은 가장 작은 파이를 먹게 되었습니다.

다음 날, 어머니는 이번에는 둘째 아들에게 어제처럼 파이를 여덟 조각으로 나누라고 했습니다. 그렇게 다음 날은 셋째 아들, 그 다음 날은 넷째 아들 식으로 순서가 돌아왔습니다. 그러고는 파이를 자르지 않은 형제들이 먼저 파이를 고르게 하였습니다.

형제들은 이후 어머니의 의도를 깨닫고 파이를 모두 똑같은 크기로 잘랐습니다. 어머니는 이렇게 저녁 식탁에서 아들들에게 공평함을 가르쳤던 것입니다.

훗날 아이젠하워가 큰 명성을 얻은 뒤, 어머니는 사람들에게 이런 질문을 자주 받았다고 합니다.

"훌륭한 아들을 두어 기쁘시겠어요!"

그때마다 어머니는 "몇째 아들을 두고 하는 말씀인가요?"라고 대답했다고 합니다. 그녀에게는 모든 아들이 똑같이 자랑스러웠던 것이죠.

어린 시절 아이젠하워는 엄청난 말썽꾸러기였습니다. 동네에서 남을 괴롭히는 일에 둘째가라면 서러울 정도여서 이웃 사람들의 원성을 샀습니다. 아버지는 어린 아이젠하워를 꾸짖기도 하고 타일러도 봤지만 달라지는 것은 없었습니다. 고심 끝에 아버지는 그에게 한 가지 제안을 했습니다.

"아이젠하워야. 내 말 잘 들어라. 지금부터 네가 나쁜 일을 할 때마다 우리 집 기둥에 못을 하나씩 박을 것이다."

아버지는 아이젠하워가 기둥에 박힌 못을 보며 잘못을 뉘우치기를 바랐던 것입니다. 하지만 그의 장난은 그칠 줄 몰랐습니다. 몇 해가 흐르자 그의 집 기둥에는 수백 개의 못이 흉하게 박혔습니다. 하지만 세월이 흘러도 그의 말썽은 좀처럼 사라지지 않았고, 기둥에 못이 점점 빼곡히 채워졌습니다. 그러던 어느 날, 아이젠하워가 여느 때처럼 친구들과 장난을 치다 돌아왔는데, 문득 기둥에 빽빽이 박힌 못을 보고는 깜짝 놀라고 말았습니다.

'내가 저렇게 많은 잘못을 저질렀다니….'

그제야 부끄러운 마음이 든 아이젠하워는 아버지께 용서를 빌었습니다.

"아버지 그동안 제가 철이 없었어요. 잘못했어요. 앞으로는 절대 나쁜 짓을 하지 않겠어요. 약속할게요."

아버지는 깊게 뉘우치는 아들을 격려하며 이렇게 말했습니다.

"그렇다면 앞으로는 착한 일을 할 때마다 저 기둥의 못을 하나씩 뽑도록 하마."

아이젠하워는 자신의 말에 책임감을 느끼며 그때부터 착한 일을 하기 시작했습니다. 기둥에 박힌 못이 하나씩 뽑힐 때마다 아이젠하워의 마음은 조금씩 가벼워졌습니다. 그렇게 마지막으로 하나 남은 못을 뽑던 날, 아이젠하워는 마음을 억누르던 큰 바위에서 벗어나는 기분이 들었습니다. 기쁨이 무엇인지 진심으로 느낄 수 있었던 것이죠.

아이젠하워는 아버지는 물론이고 어머니에게서도 많은 교훈을 얻었습니다. 어린 시절, 아이젠하워가 자신의 집에서 동네 친구들과 함께 카드놀이를 할 때였습니다. 자꾸 형편없는 카드만 손에 들어오자 속상한 아이젠하워는 가지고 있던 카드들을 내팽개치면서 이렇게 말했습니다.

"이게 뭐야? 처음부터 이렇게 형편없는 카드만 주면 어떡해?"

때마침 어머니가 그 광경을 목격하게 되었습니다. 어머니는 아이들에게 이렇게 말했습니다.

"얘들아, 카드놀이를 하기에 앞서 우선 내 말을 잘 들어라. 그리고 특별히 아이젠하워는 내 말을 명심해서 듣도록 하여라. 너희가 지금 하는 카드놀이는 비록 놀이라고 하지만, 장차 너희들이 살아갈 인생과 똑같은 것이란다. 카드놀이를 할 때 나쁜 카드가 들어올 수 있는 것처럼 너희가 앞으로 살아가다 보면 힘들고 어려울 때가 없지 않을 것이다. 그렇다고 해서 너희의 삶을 마음대로 내팽개치고 새로 시작할 수 있겠니? 그러니 비록 힘들고 어려워도 참고 견디면서 그 순간을 지혜롭게 넘겨야 한다."

아이젠하워는 경솔했던 자신의 행동을 깊이 뉘우쳤습니다.

훗날 아이젠하워는 어머니에 대해 이렇게 회고했습니다.

"내가 전투를 하고 있을 때나 아니면 힘들고 외로울 때 용기를 잃지 않을 수 있었던 것은 하나님의 말씀을 따르고 조국을 사랑하라는 어머니의 말씀이 있었기 때문이었다."

아이젠하워는 성장하여 웨스트포인트 육군사관학교에 들어갔습니다. 임관 후 진급을 거듭하다가 제2차 세계대전 때 유럽 연합군의 총사령관으로서 유럽에서 대단한 활약을 펼쳤습니다. 그는 전쟁이 끝나고 콜롬비아대학교의 총장으로 부임하였고, 곧 미국 34대 대통령 선거에 출마하였습니다. 그는 대통령 선거 연설에서 이렇게 말했습니다.

"저는 젖소와 같이 정직하게 하나님께서 저에게 주신 모든 것을 미국과 국민을 위해 남김없이 드리겠습니다."

아이젠하워의 연설에 사람들은 일제히 기립박수를 보냈습니다. 그는 이윽고 대통령 선거에서 당당히 당선되었습니다.

한편, 그의 연설에는 한 가지 일화가 숨어 있습니다.

어린 시절 아이젠하워가 아버지를 따라 젖소를 사러 갔을 때의 일입니다. 아버지는 목장 주인에게 한 젖소를 가리키며 물었습니다.

"이 소의 혈통은 좋은 것입니까? 젖소는 언제까지 젖이 나옵니까?"

아버지의 질문에 목장 주인은 고개를 저으며 이렇게 대답했습니다.

"그런 것은 잘 모르지만, 분명한 것은 이 젖소가 정직하다는 것입니다. 이 젖소는 지금까지 자신이 가지고 있는 모든 것을 나에게 주었고 앞으로도 줄 테니까요."

목장 주인의 말은 아이젠하워의 가슴속에 깊이 새겨졌습니다. 이처럼 그는 작은 말 한마디도 허투루 듣는 법이 없었습니다.

아이젠하워는 타고난 군인이었지만, 겸허하고 부드러운 성품을 가졌다고 합니다. 그는 시련이 닥칠 때마다 아버지의 말씀을 떠올리며 잘못

된 선택을 하지 않았는지 스스로를 경계하였습니다. 또한 어머니의 말씀을 떠올리며 삶에서 쉬운 일만 있을 수 없으니 지금 당장 힘들다고 해서 좌절하지 않았습니다. 또한 삶에서 얻은 작은 교훈 하나까지도 잊지 않고 마음속에 새겼습니다. 우리는 이렇듯 아이젠하워처럼 자신을 믿고, 힘든 상황에서도 포기하지 말고 최선을 다해야 할 것입니다.

인물 알아보기

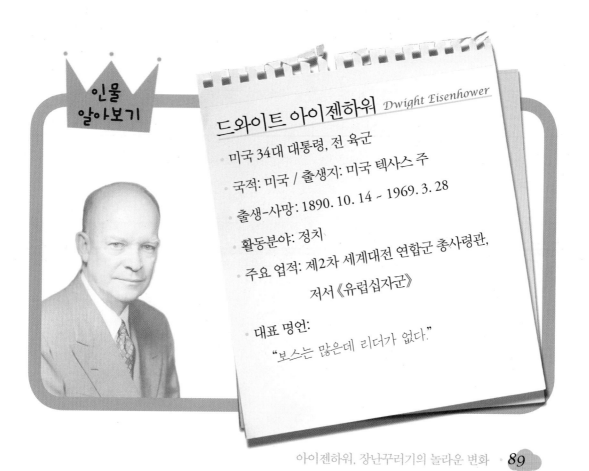

드와이트 아이젠하워 *Dwight Eisenhower*

- 미국 34대 대통령, 전 육군
- 국적: 미국 / 출생지: 미국 텍사스 주
- 출생-사망: 1890. 10. 14 - 1969. 3. 28
- 활동분야: 정치
- 주요 업적: 제2차 세계대전 연합군 총사령관, 저서《유럽십자군》
- 대표 명언:
  "보스는 많은데 리더가 없다."

좌절의 경험도 필요한 법입니다

우리 주변에는 환경이 좋지 않아 자신의 뜻을 저버리거나 타고난 재능을 펼치지 못하는 사람들이 종종 있습니다.

그러나 아무리 절박한 상황이라도 그저 절망하거나 재능을 녹슬게 하는 것은 자신의 의지가 부족한 탓도 있습니다. 상황을 탓하기 전에 우선 자신의 목표가 얼마나 구체적인지 돌이켜 보고, 그것에 최선을 다하는 마음가짐이 필요합니다. 끝까지 버티는 사람이 끝내 이깁니다. 아이가 역경을 딛고 일어나기 위해서는 부모의 역할이 중요합니다.

무엇보다 일관성 있는 가정교육이 중요합니다. 아이가 떼를 쓴다거나 힘들어한다는 이유로 부모의 지침이 오락가락하면 아이는 인내심을 배울 수 없습니다. 오히려 쉽게 포기하는 버릇이 생기기 쉽습니다. 어떤 인생에도 시련이 없을 수는 없습니다. 훌륭한 부모라면 그 시련을 피하게 하는 것이 아니라, 슬기롭게 극복할 수 있도록 도와주어야 합니다. 이 책에 나온 위인들의 부모도 그러하였습니다. 아이젠하워의 어머니는 "누구에게나 항상 좋은 카드만 들어오는 것이 아니며, 반대로 항상 나쁘게만 들어오지도 않는다"라고 말했습니다. 한석봉의 어머니는 마음이 약해지려는 아이를 모질게 내몰기까지 했습니다. 다만 마음속의 응원은 아끼지 않았습니다. 인생은 그 인생을 사는 사람의 선택에 달려 있습니다. 무엇이든 열심히 노력한다는 것은 삶을 풍요롭게 만드는 길입니다. 아이가 시련을 만나더라도 그것을 피하지 않고 제대로 맞설 수 있도록 부모의 격려가 필요한 때입니다.

3

Success

포기하지 않으면 실패는 없다

처칠, 언어장애가 있어도 연설할 수 있어요

뉴턴, 왜 나를 믿지 않는 걸까?

율곡 이이, 어머니 무덤 곁에서

노벨, 실험실은 놀이터

슈바이처, 다른 사람을 위한 게 곧 나의 일

Winston Churchill

처칠,
“언어장애가 있어도 연설할 수 있어요”

1874년 영국의 명문 정치가 집안에서 태어난 윈스턴 처칠은 태어날 때부터 몸이 몹시 약했습니다. 어린 시절에는 병을 달고 살다시피 했으며, 열한 살 때는 죽음의 문턱을 넘을 뻔하기도 했습니다. 그의 주변 사람들은 물론, 심지어 그의 아버지까지도 그가 그저 평범한 사람처럼 살아가기만 해도 다행이라고 여겼습니다. 이처럼 그는 태어나면서부터 여러 면에서 부족한 점을 가지고 있었습니다.

그러나 그는 숨을 거두는 날까지 병마의 그림자에서 한순간도 벗어나지 못했어도, 누구보다 훌륭한 업적을 이루었습니다. 그는 1940년 영국 수상에 올라 강력한 지도력으로 제2차 세계대전을 승리로 이끌었습니다. 언어장애로 말을 하는 게 힘들었지만 위대한 연설가로 사람들에게 인정받기도 하였습니다. 또한 자신의 전쟁 체험을 기록한 책인 《제2차 세계대전 회고록》으로 노벨 문학상을 받기도 했습니다.

그가 이처럼 인생의 고비를 딛고 일어난 데에는 어머니의 격려가 있었다고 합니다.

처칠은 일곱 살 때 영국의 상류층 자녀들이 다닌다는 세인트제임스

▶ 어머니 자넷과
동생 존과
함께 찍은 사진

학교에 입학하였습니다. 라틴어와 수학을 배우는 그곳에서 처칠은 시험을 볼 때마다 아무것도 쓰지 못했습니다. 항상 꼴찌에서 맴돌았던 그는 하루가 멀다 하고 선생님께 벌을 받았습니다. 그러나 틀에 박힌 학교교육은 반항심과 증오심만 키울 뿐, 그에게 아무런 도움을 주지 못했습니다. 결국 처칠은 아픈 몸에 언어장애까지 일어나 학교를 여럿 옮겼지만 나아지는 것은 하나도 없었습니다.

사람들은 수업시간에 산만하고 수업 진도를 따라가지 못하는 처칠을 열등아라고 불렀습니다. 그런 처칠을 볼 때마다 그의 부모는 걱정이 되었습니다. 결국 그의 어머니는 고심 끝에 심리학자를 만나 상담을 받아보기로 하였습니다.

심리학자는 처칠에게 이런저런 검사를 해보고는 이렇게 말했습니다.

"부인, 이 아이에게 다른 말은 하지 말고 오직 위대한 인물이 될 사람이라고만 계속 말해주세요."

어머니는 그러겠다고 약속하고는 그 뒤로 처칠에게 "위대하게 될 내 아들. 너는 장차 훌륭한 사람이 될 거야"라는 말을 거듭하였습니다. 또, 매일 아침 처칠을 깨울 때마다 "너는 이다음에 위대한 인물이 될 거야"라고 입버릇처럼 말해주었습니다.

처칠은 어렸을 적 희망이라고는 도무지 찾아볼 수 없는 아이였습니다. 그러나 어머니는 긍정적인 말로 처칠에게서 좌절이 아닌 희망을 끌어냈습니다.

어머니의 도움으로 처칠은 어느 순간부터 달라졌습니다. 스물두 살에 처음 스스로 공부를 시작하고는 세 번 만에 육군사관학교에 합격하였습니다. 사관학교에서 처칠은 학습태도가 아주 좋았습니다. 그가 싫어하는 라틴어나 그리스어 같은 수업이 없었고, 자신이 좋아하는 과목 위주로 수업이 이루어졌기 때문입니다. 한편 사관학교에 입학한 후부터 처칠에게 숨겨진 재능이 발휘되기 시작했습니다. 바로 뛰어난 암기력입니다. 그는 1200줄이나 되는 고대 로마의 노래를 한 줄도 틀리지 않고 외웠습니다. 그렇게 특별한 능력을 통해 처칠은 육군사관학교에서 항상 좋은 성적을 거둘 수 있었습니다.

처칠은 현실에 안주하지 않고 자신이 처한 문제를 하나씩 극복해 나가기 시작했습니다. 체력 훈련에 몰두하여 허약한 체질을 이겨 내려 했으며, 학문에 대한 열등감은 하루에 다섯 시간 넘게 책을 읽고 공부하는 것으로 해결하였습니다. 그리고 말을 하는 것에 대해서는 길을 걸을 때마다 안되는 발음을 끊임없이 연습했으며, 혀 짧은 소리와 대인기피증을 없애기 위해 웅변을 배웠다고 합니다. 장교 임관 후에는 자신의 소심한 성격을 고치기 위해 가장 치열한 전투에 자진하여 참가하기도 하였다는군요.

시간이 흘러 처칠은 하원의원 선거에 출마하였습니다. 그가 출마했을 때 상대 후보들은 그를 이렇게 공격하였습니다.

"내가 듣기에 처칠은 아침에 일찍 일어나지 않는다고 합니다. 만약에 그게 사실이라면 그렇게 게으른 사람은 하원의원이 될 자격이 없습니다."

상대 후보의 말이 끝나자 처칠은 이에 전혀 동요하지 않고 대수롭지 않은 듯 이렇게 말했다고 합니다.

"아마도 저처럼 예쁜 아내와 산다면 당신도 아침에 일찍 일어나지 못할 겁니다."

기가 막힌 대응으로 상대방이 더 이상 공격할 수 없도록 한 것이죠.

그 말 한마디에 사람들은 배꼽을 잡고 웃었고, 처칠은 어렵지 않게 압도적인 표 차이로 영국 하원의원에 당선되었습니다.

▶ 사관학교 시절의 처칠

어느 날은 처칠이 방송을 하러 가기 위해 거리에서 급히 택시를 불러 세운 적이 있었습니다.

"기사 양반, BBC 방송국까지 급히 가 주겠소?"

라는 처칠의 말에 택시기사는 이렇게 대답했다는군요.

"손님, 미안하지만 다른 차를 이용해 주십시오. 저는 그렇게까지 멀리 갈 수 없습니다."

"아니, 어째서요?"

처칠이 의아해하자 택시기사는 이렇게 대답했습니다.

"보통 때라면 가야죠. 그런데 한 시간 후에 그 유명한 처칠 경의 방송이 있어서 저는 그 방송을 들어야만 합니다."

처칠은 기사의 말에 기분이 너무나 좋아서 1파운드를 그의 손에 쥐어 주었습니다.

그러고는 천천히 택시에서 내리려고 하는데 택시기사가 이렇게 말하는 것이었습니다.

"저는 처칠 경의 열렬한 팬이거든요."

처칠은 어느새 이처럼 사람들의 신망을 받는 인물이 되어 있었습니다.

한번은 처칠이 공무수행차 인도를 방문했을 때의 일입니다. 몸이 좋지 않았던 그가 갑자기 급성 폐렴에 걸리고 말았습니다. 인도 국왕은 처칠을 위해 친히 의사를 소개해 주었습니다. 그런데 처칠은 국왕이 보내온 의사를 보고 깜짝 놀랐습니다. 그는 바로 오래전 처칠을 강물에서 구해 준 청년이었기 때문입니다.

▶ 총리에 임명된 후
승리의 사인을 보이는 처칠

처칠이 어렸을 때, 여름휴가를 맞아 그의 가족이 별장에 간 적이 있었습니다. 그런데 처칠이 강물에서 수영을 하다가 그만 깊은 곳에 빠지고 말았습니다. 그때 별장 정원사 아들이 처칠을 발견하고 강물에 뛰어들어 처칠을 구해냈습니다. 처칠의 아버지는 고마운 마음에 그 정원사 아들의 학비를 대주었는데, 그가 후에 의사가 된 것이었습니다.

그 정원사 아들은 의학 공부를 마치고 나서 의료 선교사로 인도에 들어와 있던 상태였습니다. 그는 바로 페니실린을 발견한 알렉산더 플레밍 박사였습니다. 처칠은 평생 동안 자신의 목숨을 구해준 플레밍의 은혜를 잊지 않고 살았다고 합니다.

한편 처칠이 해군장관 자리에 있던 시절, 제1차 세계대전 중 영국의 순양함이 독일의 잠수함에 의해 격침되는 일이 발생하였습니다. 그때 처칠은 해군을 이끌고 작전을 펼쳤지만, 여러 척의 배를 잃고, 많은 사상자를 내고 말았습니다. 책임감을 느낀 그는 해군장관직에서 물러났습니다. 그러고는 다음 해에 자원하여 서부 전선에 나가 싸웠습니다. 쏟아지는 포탄 속에서 그와 함께 싸웠던 병사들은 처칠의 친절과 용기에 감탄했습니다.

처칠은 전장에서 "전쟁은 웃으면서 하는 거야"라는 말을 남겼습니다. 그 말에는 처칠만의 긍정적인 성격이 잘 나타납니다. 그는 장관직에서 물러났지만 탁월한 통솔력과 작전 능력을 발휘하여 1917년 다시 군수

장관에 임명되었습니다. 그리고 그의 지휘 아래 치러진 제1차 세계대전은 1918년 독일의 항복으로 연합군이 승리하였습니다.

이렇듯 대단한 능력을 가진 그에게도 시련이 없지는 않았습니다. 세월이 흘러 처칠이 중년을 넘어섰을 때였습니다. 정치적으로 불운을 겪고 있던 그는 심한 우울증에 시달려 자살까지 생각할 정도였습니다. 그의 부인과는 비교적 사이가 좋았지만, 자녀들 대부분은 그렇지 못했기 때문입니다. 막내딸은 두 살이 되던 해에 패혈증으로 죽었고, 아들 랜돌프와 딸 사라는 알코올중독자로 삶을 마감했습니다. 또 다른 딸 다이애

나는 아버지처럼 심한 우울증에 시달리다 자살을 선택하고 말았습니다. 자식들을 앞서 보낸 처칠은 편안한 삶을 살지는 못했지만, 인생을 쉽게 포기하지 않았습니다.

"위대한 사람들은 순식간에 날아서 정상에 오른 것이 아니네. 그들은 동료들이 잠든 한밤중에도 정상을 향해 꾸준히 애쓰며 올라갔다네."

이렇게 말했던 그는 우여곡절을 겪으며 영국 수상에 올랐습니다. 그리고 끊임없는 노력으로 오늘날까지 20세기 가장 뛰어난 정치가 중 한 사람으로 평가받고 있습니다.

"내 인생의 유일한 오점은 학창 시절이었다."

처칠은 자서전에서 이렇게 말하였습니다.

늘 "포기하지 말라"라는 말을 신조로 삼으며 불굴의 의지로 여러 고비를 이겨 낸 윈스턴 처칠. 그는 가장 치열한 전투인 자신과의 싸움에서 당당히 승리하여 자신의 가능성을 세상에 선보인 위대한 정치가였습니다.

인물
알아보기

윈스턴 처칠 *Winston Churchill*

- 정치가
- 국적: 영국 / 출생지: 영국 옥스퍼드셔
- 출생-사망: 1874. 11. 30 ~ 1965. 1. 24
- 활동분야: 정치, 문학
- 주요 업적: 영국 총리(1940년과 1951년),
  저서《제2차 세계대전》(6권, 1948-1954)
  으로 노벨문학상 수상(1953)
- 대표 명언:
  "성공이 끝은 아니다."
  "과거의 일을 과거의 일로서 처리하면,
  우리는 미래까지도 포기하는 것이다."

뉴턴, "왜 나를 믿지 않는 걸까?"

사과가 떨어지는 것을 보고 만유인력의 법칙을 세운 근대 과학의 선구자가 있습니다. 바로 아이작 뉴턴입니다. 그는 영국 링컨셔 주의 울즈소프라는 동네에서 농부의 아들로 태어났습니다. 뉴턴은 7개월 만에 태어나 유달리 작고 약해서 또래와 어울리지 못했습니다. 더구나 안타깝게도 아버지가 뉴턴이 태어나기 두 달 전에 세상을 떠나면서 그는 아버지 얼굴을 한 번도 보지 못하고 자랐습니다.

뉴턴은 세 살이 될 때까지 어머니와 함께 할머니 집에서 살았는데, 이후 그의 어머니는 이웃 마을에 살던 목사와 재혼을 하였습니다. 그러나 뉴턴은 재혼한 어머니를 따라 가지 않고 울즈소프에 남아 할머니와 함께 살았습니다. 할머니 손에 길러진 뉴턴은 9년이 지난 후에야 어머니와 재회할 수 있었습니다. 그의 의붓아버지가 세상을 떠나 어머니가 다시 그가 있는 곳으로 돌아왔기 때문입니다. 이러한 어린 시절을 보낸 뉴턴은 애정결핍을 겪었는데, 후에 전해지는 말로는 그가 평소 불안감을 느끼고, 자주 반항적이거나 신경질적인 행동을 보였다고 합니다. 그러나 뉴턴은 그런 성격에도 불구하고 자신을 알고 분노를 다스릴 줄 알았답니다.

어릴 적부터 유난히 약했던 뉴턴은 친구가 없어 혼자 톱과 망치로 나무 조각을 만지작거리며 노는 것을 좋아했습니다. 학교생활에도 재미를 느끼지 못했습니다. 학교에서 그저 혼자 우두커니 앉아 있다가 돌아오는 게 일상이었습니다. 그러다 보니 성적이 아주 형편없었고, 친구들은 더욱더 그와 놀아주지 않았습니다. 뉴턴을 바보라고 놀리며 깔보기 일쑤였습니다.

그러던 어느 날, 뉴턴이 만든 물레방아를 아이들이 보게 되었습니다.

"와! 이 물레방아 좀 봐. 엄청 잘 만들었잖아?"

"누가 만들었지?"

뉴턴은 자신이 만들었다고 대답했지만, 아이들은 뉴턴의 말을 믿지 않았습니다.

"이렇게 잘 만든 물레방아를 '바보 뉴턴'이 만들었다고? 거짓말!"

"그래 맞아. '바보 뉴턴'이 만들었을 리 없어!"

뉴턴은 아무도 자신의 말을 믿어주지 않자 마음속으로 이렇게 생각했답니다.

'내 말을 믿어주지 않는 것은 내가 공부를 못하기 때문이야.'

이 일이 있은 후로 뉴턴은 열심히 공부하기 시작했습니다.

그리고 열세 살이 되던 해에 뉴턴은 울즈소프를 떠나 그랜텀킹스 중

학교에 입학했습니다. 이 학교에서는 주로 라틴어를 배웠는데, 당시에 라틴어는 유럽의 공통어였습니다. 그래서 라틴어만 알면 다른 유럽 나라 사람들과 자유롭게 말을 나눌 수 있었습니다.

뉴턴은 이때 쌓은 라틴어 실력으로 물리에 관한 책을 거침없이 읽었습니다. 자신감이 생긴 뉴턴은 더욱 공부에 흥미를 느꼈습니다. 수학 문제를 풀 때면 누가 옆에서 어떤 짓을 하더라도 전혀 알아채지 못할 정도였답니다.

어느 날, 뉴턴이 학교에서 수학 문제를 푸는 데 열중하고 있을 때였습니다. 한 친구가 장난기가 발동하여 그의 도시락을 모두 먹어 치웠습니다. 그리고 빈 도시락만 둔 채 시치미를 뗐습니다. 뉴턴은 친구가 도시락을 다 먹었다는 사실을 모른 채 수학 문제를 다 풀고 도시락을 꺼냈습니다. 텅 빈 도시락을 보고 뉴턴은 이렇게 중얼거렸다는군요.

"이것 참! 문제 푸는 데 정신이 팔려서 아까 점심을 먹고도 또 먹으려 했네."

뉴턴의 말에 도시락을 먹은 친구는 뉴턴의 머리를 쥐어박으며 말했습니다.

"에라, 이 멍청이야! 먹기는 뭘 먹어. 도시락은 내가 먹었어. 자기가 점심을 먹었는지 안 먹었는지도 모른단 말이야?"

그제야 뉴턴은 자신이 점심을 먹지 않았다는 사실을 깨달았습니다.

"어쩐지 배가 고프더라니…."

이렇듯 뉴턴은 한번 흥미를 느끼면 그것에 끈기 있게 파고들었습니다.

뉴턴은 이후 트리니티 대학에 진학하였습니다. 대학에서 그는 주로 고전과 물리를 배웠는데, 특히 데카르트 같은 물리 철학자들의 연구에 관심이 많았습니다.

그때 아이작 배로 교수가 뉴턴의 재능을 알아보고 뉴턴에게 이렇게 말했다고 합니다.

"뉴턴 군! 자네는 참으로 똑똑하고 공부도 잘하는군!"

아이작 배로는 수학자이자, 루카시안 교수였습니다. 루카시안 교수란 그 학문에서 가장 뛰어난 교수를 말합니다. 하여튼 살아오면서 한 번도 그런 말을 들은 적 없던 뉴턴은 배로 교수의 말 한마디로 자신도 대단한 수학자가 될 수 있다는 용기를 얻었습니다. 뉴턴은 당시 이 말을 듣고 기분이 너무나 황홀하여 며칠 동안 잠을 이루지 못했다고 합니다.

그 후 뉴턴은 수학을 열심히 공부했고, 자신감이 생기자 혼자서 르네상스시대 철학자들의 업적을 공부하기 시작했습니다. 수학을 완전히 터득하니, 쉽게 물리학을 공부할 수 있었습니다. 하지만 흥미 있는 분야만 파고들었기 때문에 학교 성적은 그리 두드러지지 않았습니다.

그 후 대학을 졸업한 뉴턴은 졸업과 동시에 모교에서 수학과 교수가

▶ 케임브리지 대학교 식물원에 있는 뉴턴의 사과나무

되는 영광을 얻었습니다. 뉴턴의 스승인 아이작 배로의 추천이 있었기에 가능한 일이었습니다. 수학과 교수가 된 뉴턴은 기하학, 천문학, 지리학, 광학, 정역학 등을 강의하게 되었습니다.

그런데 얼마 지나지 않은 1665년, 런던에 흑사병이 퍼졌습니다. 흑사병은 사람들의 목숨을 빼앗아가는 무서운 전염병이었습니다. 흑사병이 전국으로 퍼져나가자 당시 뉴턴이 있던 케임브리지 대학도 전염을 막기 위해 2년 동안 휴교에 들어갔습니다. 뉴턴은 울즈소프의 집으로 내려갔습니다. 그리고 고향에서 대부분의 시간을 사색과 실험으로 보냈습니다.

그러던 어느 날, 뉴턴은 따뜻한 햇살이 비치는 정원에 나가 사과나무 그늘 아래서 차를 마시고 있었습니다. 그때 마침 사과 한 개가 땅에 떨어졌습니다. 뉴턴은 사과를 보고는 갑자기 이런 생각이 들었다고 합니다.

'왜 사과는 밑으로만 떨어지는 걸까?'

사과는 왜 항상 땅으로 떨어지는 걸까? 옆으로 떨어지거나 위로 올라가지 않고 지구 중심을 향하여 밑으로만 떨어질까? 그는 자신에게 묻고 또 물었습니다. 그렇게 그는 정원의 사과나무에서 중력에 대해 처음 생각하게 된 것입니다.

또한 그는 백색광에 대한 실험을 하였습니다. 어두운 방에서 조그만 구멍으로 햇빛을 통과시킨 다음, 각이 60도인 프리즘으로 색깔이 나뉜 빛을 벽에 보이게 하는 실험이었습니다. 뉴턴은 여러 색깔로 나뉜 빛이 두 번째 프리즘을 통과할 때 다시 백색광으로 합쳐지는 모습을 관찰하였습니다. 이 실험으로 뉴턴은 백색광이 무지개의 모든 색깔을 갖고 있다고 결론짓고, 백색광의 각 색깔은 서로 섞이지 않으며, 빛은 입자로 구성된다는 점을 알아냈습니다.

또한 미분과 적분에 대한 개념을 처음으로 생각해 내고, 이항정리를 발견하는 등 수학에서 많은 업적을 이루었습니다. 그렇게 뉴턴은 근대 과학의 공로자로서 오늘날까지 인정받고 있는 것입니다.

뉴턴은 어릴 적 부모의 열성적인 사랑과 보호는커녕 특별한 교육도 받지 못했습니다. 가끔 할머니의 격려에 힘을 얻곤 했지만, 학교에서도 친구들에게 약하고 보잘것없는 못난이로 놀림받는 아이였습니다. 그러한 어린 시절을 보낸 뉴턴은 처음에는 가족을 많이 원망하였습니다. 그러나 우연한 기회로 공부를 해야겠다고 다짐한 후, 그는 처음으로 훌륭한 사람이라는 말을 듣게 되었습니다. 그 말에 자신감이 생겨 열심히 공부한 결과, 위인으로서 그의 이름이 오늘날까지 전해 내려오고 있는 것입니다.

무엇보다 뉴턴이 성공할 수 있었던 가장 큰 원동력은 '나도 이제는 바보 같다는 소리를 그만 듣고 공부를 해야겠다'는 스스로의 다짐이었습니다. 세상이 나를 받아주지 않는다 해서 나마저 스스로를 포기해서는

안 됩니다. 자신을 믿고 노력하는 사람만이 세상을 바꿀 수 있다는 점을 꼭 기억하기 바랍니다.

인물 알아보기

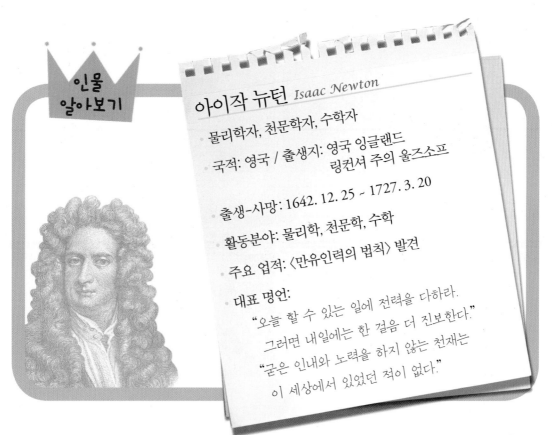

아이작 뉴턴 *Isaac Newton*

- 물리학자, 천문학자, 수학자
- 국적: 영국 / 출생지: 영국 잉글랜드 링컨셔 주의 울즈소프
- 출생-사망: 1642. 12. 25 ~ 1727. 3. 20
- 활동분야: 물리학, 천문학, 수학
- 주요 업적: 〈만유인력의 법칙〉 발견
- 대표 명언:
  "오늘 할 수 있는 일에 전력을 다하라.
  그러면 내일에는 한 걸음 더 진보한다."
  "굳은 인내와 노력을 하지 않는 천재는
  이 세상에서 있었던 적이 없다."

율곡 이이,
"어머니 무덤 곁에서"

율곡 이이는 호가 '율곡'이고 이름이 '이이'라는 뜻입니다. '밤이 많이 나는 동네'라는 뜻의 율곡은 이이가 어렸을 때 살았던 밤이 많이 나는 동네를 말합니다.

조선시대 뛰어난 학자 가운데 한 사람인 율곡은 어렸을 때부터 글을 잘 쓸뿐더러 효자라고 동네에서 유명했습니다.

율곡이 다섯 살 때 일입니다. 어머니인 신사임당이 큰 병으로 몸져눕자, 율곡은 돌아가신 할아버지를 모신 사당에서 기도를 올렸습니다.

"하느님, 저는 어머니가 자주 아프시니까 마음이 찢어지는 것만 같습니다. 제발 저를 봐서라도 어머니가 낫게 해주세요. 저는 어머니 병환이 다 나을 때까지 기도 드릴 거예요."

집에서는 며칠 동안 율곡이 보이지 않자 모두들 그를 찾아다녔습니다. 할아버지 사당에서 율곡을 찾은 사람들은 그가 기도 드리는 모습을 보고 이렇게 생각했습니다.

'어린아이가 어머니를 위해서 기도를 드리다니, 다른 아이 같으면 어머니가 편찮아도 친구들과 놀기에 바쁠 텐데. 참으로 효자구나!'

율곡의 절실한 기도 덕분인지 신사임당은 얼마 후 병이 나아 자리를 털고 일어났습니다.

한번은 갑작스러운 홍수로 마을 앞 냇물이 불어났습니다. 갑자기 불어난 물 때문에 징검다리에 물이 넘치자 징검다리를 건너던 사람들은 쩔쩔맸습니다. 그걸 보고 있던 마을 아이들은 재미있는 구경거리라도 난 듯 손뼉을 치며 웃는 것이었습니다.

"저 사람들은 겁쟁이들이야. 징검다리 위에서 춤을 추는 것 같아. 우하하!"

그렇지만 율곡은 달랐습니다. 자신의 일처럼 두 손을 꼭 쥐고 조바심을 내며 안타까워했습니다.

"제발 저 사람들이 무사해야 할 텐데. 어쩌면 좋아. 금방이라도 물에 휩쓸려 갈 것 같아!"

사람들이 무사히 징검다리를 건너자 율곡은 그제야 한숨 돌렸습니다. 이렇듯 율곡은 효자였을 뿐만 아니라 곤란한 일에 처한 사람을 보고 마음 아파하는 착한 심성을 가진 아이였습니다.

또한 율곡은 어렸을 때부터 글솜씨가 대단했습니다. 어느 해 가을, 석류나무에 석류가 빨갛게 익었습니다. 할머니는 어린 율곡에게 석류를 가리키며 이렇게 물었습니다.

"얘야. 네 눈에는 저 빨간 열매가 무엇처럼 보이니?"

그 말을 들은 율곡은 방에 들어가 종이에 뭔가를 쓰고는 가지고 나왔습니다.

"빨간 주머니 속에 빨간 구슬이 가득 들어 있는 것처럼 보입니다."

할머니는 율곡이 쓴 글을 보고 감탄하였습니다.

'겨우 글자를 아는 어린아이가 이런 글을 쓰다니 정말 믿어지지 않는구나. 이 아이는 앞으로 큰 인물이 될 것이야!'

할머니는 어린 손자가 대견하여 그를 칭찬해 주었습니다.

어릴 때부터 책 읽기를 좋아했던 율곡은 글도 스스로 익혔습니다. 정식으로 글을 배운 것은 일곱 살 때부터였습니다. 그의 부모는 율곡의 재능을 알아보고 열심히 가르쳤습니다. 어머니인 신사임당은 비록 여자였지만 어떤 선비보다 학문에 뛰어났습니다. 어머니 또한 어릴 때부터 공부를 즐겨 하고, 글과 글씨, 그림 등 못하는 것이 없었습니다. 그런 어머니에게 배워서 그런지 율곡은 다른 아이보다 매우 똑똑하였습니다.

아버지인 이원수는 일곱 남매 중 가장 총명한 율곡을 귀여워하였습니다. 그래서 틈만 나면 율곡을 데리고 다니며 이것저것을 가르쳐 주었습니다. 어떤 날은 이름난 약수터에 율곡을 데려가 시원한 약수를 주며

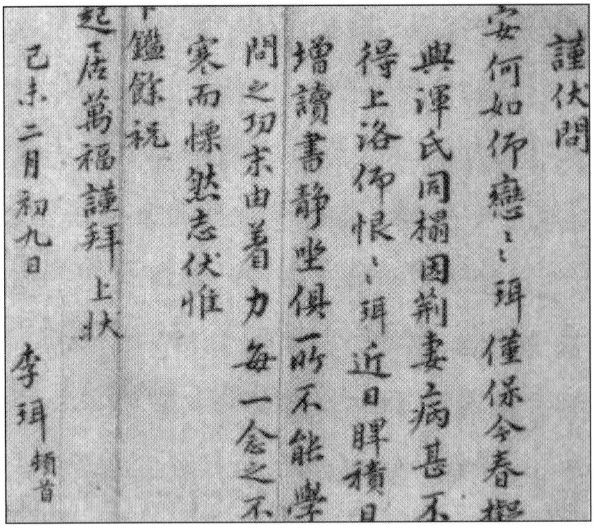
謹伏問
安何如仰戀々々珥僅保今春擬
與渾氏同榻因荊妻病甚不
得上洛仰恨々々珥近日畔積日
增讀書靜坐俱所不能學
問之功末由着力每一念之不
寒而慄然志伏惟
下鑑餘祝
起居萬福謹拜上狀
己未二月初九日 李珥 頓首

▶ 율곡의 편지글

이렇게 일러 주었습니다.

"얘야, 이 물은 단순한 물이 아니란다. 이 물에는 자연을 사랑하고 아낀 조상의 영혼이 담겨 있단다. 그러니 이 약수를 마시면서 조상들을 생각하고 우리도 마음을 잘 가꾸도록 하자."

"잘 알겠습니다. 물 한 모금을 마시더라도 여러 가지를 깊이 생각하겠습니다."

세월이 흘러 열여섯 살이 되던 해, 아버지를 따라 다른 마을에 갔다 돌아오는 길에 율곡에게 날벼락 같은 소식이 전해졌습니다. 바로 어머니가 세상을 떠났다는 소식이었습니다. 율곡은 하늘이 무너지는 것 같았습니다.

평소에 몸이 약했던 신사임당은 가족이 걱정할까 몸이 아픈 것을 알리지 않았습니다. 때문에 어린 율곡에게는 믿기지 않는 일이었습니다. 신사임당은 죽기 전에 율곡에게 이렇게 말했다고 합니다.

"부디 아버지를 잘 모시고 형제들과 우애 있게 지내며 화목한 가정을 이뤄다오."

율곡은 어머니께서 돌아가시자 더 이상 살아갈 의욕을 잃고 말았습니다. 그래서 매일 어머니 무덤 옆에 앉아 있었습니다. 가족들은 그런 율곡을 걱정하였습니다.

"이제 그만 슬퍼하거라. 네가 밥도 안 먹고 몸을 상하게 하면 하늘에 계신 어머니께서 마음이 아프시단다. 어서 정신을 차려야 어머니도 기뻐하시지."

누가 무슨 말을 해도 어머니를 잃은 율곡의 슬픔은 조금도 가시지 않았습니다. 율곡은 줄곧 어머니 무덤 곁을 떠나지 않았습니다.

아무도 없는 외딴 산속에서 3년을 보낸 율곡이 안타까워, 친구들은 그에게 여러 가지 책을 구해다 주었습니다. 율곡은 어머니 무덤 곁에서 친구들이 가져다 준 책을 열심히 읽었습니다. 그 시간이 율곡에게 학문의 자양분이 되었습니다.

율곡은 어머니 무덤 옆을 떠난 뒤에 본격적으로 불교를 공부하기 시작했습니다. 이후 퇴계 이황을 만나 더 깊이 공부하였습니다. 어느새 나라 안에서 율곡보다 뛰어난 젊은 학자를 찾아보기 힘들 정도로 학문이 높아졌습니다. 그는 과거에 나가면 장원은 문제없었지만, 당장 벼슬자리에 앉는 것보다 공부하는 것을 뜻깊게 생각하며 배움에 매진하였습니다. 그러던 어느 날, 아버지가 세상을 떠나고 말았습니다. 율곡이 스물세 살일 때였습니다. 율곡은 어머니 때와 마찬가지로 아버지 무덤 옆에서 3년을 보냈습니다.

그 뒤 율곡은 과거 시험을 치렀고, 그 어렵다는 장원을 아홉 번이나 차지했습니다. 선비들은 율곡이 써낸 글을 보고는 혀를 내둘렀습니다.

"이건 그냥 답이 아니라 한 권의 책이네. 시험 문제를 낸 사람보다도 더 많이 알고 있으니 장원은 당연한 것이지. 율곡이 용이라면 우린 송사리나 다름없어."

그 후 율곡은 조정에서 맡은 일을 열심히 하였습니다. 그러나 조정에는 왜 그렇게 속이 좁고 욕심 많은 관리들이 많은지 율곡은 속이 터질 지경이었습니다. 대부분의 관리들이 자기의 이익을 위해서는 무슨 일이라도 하다가 자신에게 득이 될 게 없으면 손가락 하나 까딱하지 않는 것이었습니다. 게다가 관리들은 두 파로 나뉘어 당파 싸움을 일삼고 있었습니다.

율곡은 선조 임금에게 이와 관련해 여러 번 상소를 올렸습니다. 그러나 당파 싸움에 정신이 팔린 관리들은 임금 앞에서 듣는 척만 할 뿐, 돌아서면 여전히 당파 싸움을 계속하였습니다. 오히려 대신들은 자신들의 일에 사사건건 참견하는 율곡을 귀향 보내고자 왕에게 그를 모함하기에 이르렀습니다. 이에 선조 임금이 어쩔 수 없이 율곡의 벼슬을 거두려 하자, 이를 눈치챈 어느 정승이 율곡에게 이렇게 충고했다고 합니다.

"그대는 임금이 듣기 싫어하는 줄도 모르고 자꾸만 바른 말을 하니, 앞으로 어떤 벌을 받을지 모르겠소. 제발 몸을 생각해서 조심하시오."

그 말을 들은 율곡은 이렇게 말했답니다.

"자기 한 몸만 생각한다면 어찌 올바른 신하라고 할 수 있겠습니까? 몸과 마음을 편하게 하려면 고향에 내려가 농사짓는 것이 낫겠지요. 벌을 받더라도 나라에 조금이라도 도움이 된다면 나는 벌을 받는 쪽을 택할 것입니다."

율곡은 당파 싸움을 막아 보려고 온갖 노력을 해봤지만, 깊어질 대로

▶ 오늘날 5만원권에 그려진 율곡의 어머니, 신사임당

깊어진 조정 대신들의 생각을 바꾸기에는 역부족이었습니다. 서로 힘을 합쳐 밤낮없이 일해도 모자랄 판국에 당파 싸움으로 자신들의 이익에만 눈이 멀어 있으니, 이 틈을 타 일본이 공격할 것이라는 사실을 아무도 눈치채는 이가 없었습니다. 하지만 율곡은 이를 미리 예견하여 임금에게 이렇게 고했습니다.

"제발 당파 싸움을 막으십시오. 그리고 우리는 10만 명의 군사를 길러야 합니다. 머지않아 왜군이 쳐들어 올 것입니다. 준비하지 않고 이대로 있다가는 장차 큰일을 겪을 것입니다."

율곡의 충언에 조정 대신들은 도리어 코웃음을 치며 임금에게 이렇게 말했습니다.

"율곡은 이렇게 태평한 시대에 쓸데없는 말을 하고 있습니다. 백성을 속이고 나라를 어지럽게 만들려는 그를 벌해 주십시오."

율곡은 자신의 뜻이 받아들여지지 않자 벼슬을 내려놓고 고향으로 내려갔습니다.

한편, 일본에서는 도요토미 히데요시가 전국을 통일하여 조선을 침략할 준비를 마친 상태였습니다. 율곡의 예측은 정확하게 들어맞아 율곡이 죽은 지 8년 후인 1592년 일본은 조선을 침략하여 백성들이 큰 곤욕을 겪고 말았습니다.

어머니를 떠나 보내고 힘든 시간을 보내는 그에게 힘이 되어 준 것은 바로 책이었습니다. 율곡은 항상 책을 가까이하며 어머니의 가르침을 되새겼습니다. 또한 아버지의 말씀대로 항상 조상과 사람들을 생각하고자 하였습니다. 오늘날 사용하는 5000원 지폐에 율곡의 얼굴이 그려져 있는 것은 무엇보다 학문은 물론 백성을 사랑하는 마음이 남달랐던 그의 업적 덕분입니다.

인물 알아보기

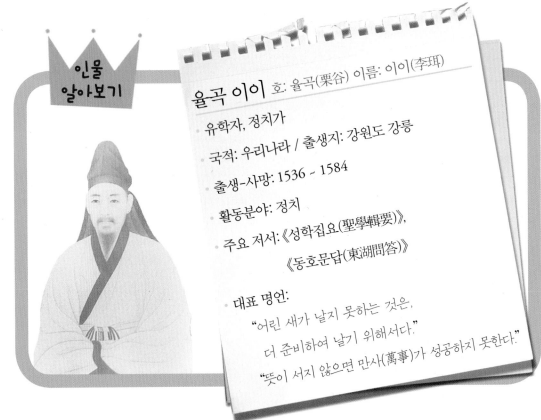

율곡 이이 호: 율곡(栗谷) 이름: 이이(李珥)

- 유학자, 정치가
- 국적: 우리나라 / 출생지: 강원도 강릉
- 출생-사망: 1536 ~ 1584
- 활동분야: 정치
- 주요 저서: 《성학집요(聖學輯要)》, 《동호문답(東湖問答)》
- 대표 명언:
  "어린 새가 날지 못하는 것은, 더 준비하여 날기 위해서다."
  "뜻이 서지 않으면 만사(萬事)가 성공하지 못한다."

Alfred Bernhard Nobel

노벨,
“실험실은 놀이터”

콰 — 쾅!
와아~
지뢰라는 것인데 이것은 전쟁할 때 적을 쳐부수는 굉장한 무기가 될 수 있단다
굉장해요~
이게 성공하면 우린 큰 부자가 될 거야
마치 동화책에 나오는 마법사 같아,,,
너무 멋있다~
나도 아버지처럼 열심히 노력해서 꼭 훌륭한 사람이 되고 말거야!
불끈!

알프레드 노벨은 1833년 스웨덴의 수도 스톡홀름에서 건축가이자 발명가인 임마누엘 노벨의 셋째 아들로 태어났습니다. 태어날 때부터 몸이 약했던 노벨은 부모의 걱정 속에서 자랐습니다.

노벨의 몸은 좀처럼 건강해지지 않았습니다. 그래서 늘 집 안에서 놀 수밖에 없었답니다. 또래 친구들처럼 밖에서 놀 수 없었지만, 노벨은 그런 것을 부끄러워하지 않았습니다. 오히려 자신이 할 수 있는 일을 찾았습니다. 그는 책을 벗 삼아 집 안에서 지내는 것도 행복하다고 생각하며 긍정적인 마음가짐으로 생활하였습니다. 거기에 아버지의 영향을 받아서인지 노벨은 실험실에서 놀기를 좋아하는 조용한 아이로 성장하였습니다.

어느덧 학교에 다니게 된 노벨은 훌륭한 성적으로 어머니를 기쁘게 하였습니다. 그동안 아버지는 러시아로 건너가 일을 하고 있었습니다.

노벨은 이렇듯 성적이 뛰어났지만, 몸이 아파 자주 결석을 한 탓에 개근상을 타지는 못했습니다. 아파서 학교에 가지 못하는 날이라도 노벨은 전혀 시무룩하지 않았습니다. 방에 누워 책을 읽거나 그림을 그리곤 했답니다. 그리고 아버지의 공장 한편에서 기계를 만들기도 했습니다.

그러던 어느 날 러시아에서 돌아온 아버지가 자식들을 한자리에 앉혀 놓고는 이렇게 말했습니다.

"아버지는 지금 새로운 발명품을 연구하고 있단다. 그것만 성공하면 우리는 큰 부자가 될 수 있어."

노벨이 그것이 무엇이냐고 묻자 아버지는 싱글벙글 웃으며 말했습니다.

"기뢰와 지뢰라는 것인데, 전쟁에서 적을 쳐부수는 굉장한 무기가 될 수 있는 것이란다. 기뢰는 물속에서 지뢰는 땅속에서 폭발한단다."

그 후 지뢰를 발명한 아버지는 러시아에서 큰 공장을 차렸습니다. 그리고 노벨이 아홉 살이 되던 해에 가족들은 아버지가 살고 있는 러시아에 가게 되었습니다. 러시아에 도착한 노벨은 궁궐 같은 집을 보고는 눈이 휘둥그래졌습니다.

"이게 우리 집이에요?"

"그럼. 아버지가 엄청난 부자가 됐단다."

노벨은 가족들과 함께 행복한 나날을 보내며 열심히 러시아어를 배웠습니다. 그 후 아버지는 자신이 발명한 지뢰 실험이 성공하면서 어마어마하게 큰 공장을 세우게 되었습니다.

어릴 적부터 아버지의 공장에서 화약을 갖고 노는 것을 좋아한 노벨은 화약을 넣고 말은 종이에 불을 붙여 땅에 놓으면 '펑' 하는 소리와 함께 폭발하는 것을 신기해했습니다. 폭발음과 동시에 불꽃이 하늘로 솟을 때는 노벨은 이루 말할 수 없는 기쁨을 느꼈습니다. 그런데 공장에 자주 드나들며 이런 장난을 하다가, 그만 어머니에게 들키고 말았습니다.

화가 난 어머니는 노벨을 심하게 꾸짖고 공장 사람들에게 이렇게 말했습니다.

"이 아이에게 절대로 화약을 주지 말아요! 지뢰를 만들어 터뜨리지 뭐예요!"

공장 사람들은 그 후로 노벨이 공장에 들어오는 것을 막았지만, 노벨의 호기심을 막을 수는 없었습니다.

'나도 화약을 만들 수 있을 거야!'

노벨은 초석과 숯가루와 유황을 섞어 화약을 만든다는 걸 알아내고는 공장으로 살금살금 숨어 들어갔습니다. 하지만 공장 사람에게 들키자,

"화약만 안 가져가면 되잖아요."

라고 말하며 공장에서 화약 만드는 재료를 빼내어 들판으로 향했습니다.

그렇게 노벨은 들판에서 화약 만드는 실험을 하곤 했습니다. 그 모습

을 본 아버지는 혹여 몸이 약한 아이가 아플까 노벨이 공장 실험실에서 놀게 해주었습니다. 그곳에서 노벨은 여러 가지 화학 재료로 폭약 시험을 하는 아버지의 모습을 유심히 바라보았습니다. 실험에 열중하는 아버지의 모습은 마치 동화책에 나오는 마법사 같았고, 이 세상 어느 누구보다도 위대해 보였습니다. 노벨은 이렇듯 아버지를 본받아 이후 연구에 연구를 거듭하여 세기에 남을 폭약, 다이너마이트를 발명하게 된 것입니다.

1849년, 노벨은 열여섯의 나이로 미국과 프랑스 등 여러 나라의 과학자와 발명가로부터 화학과 기계학을 배웠습니다. 그리고 미국에서 기계공학을 공부한 후 다시 러시아로 돌아왔습니다.

당시에는 영국과 프랑스 연합군이 러시아를 침공한 크림 전쟁이 일어났습니다. 러시아는 크게 패배하였고, 그로 인해 아버지의 공장은 큰 타격을 입었습니다. 많은 양의 화약을 만들어 놓고 팔지 못해 공장이 파산할 지경에 이르렀기 때문입니다. 결국 아버지의 공장은 빚쟁이들에게 넘어갔고, 순식간에 집안이 망하자 부모는 러시아를 떠나 다시 고향인 스웨덴으로 돌아가기로 하였습니다. 그런데 가족이 떠나는 날, 노벨은 아버지에게 자신은 러시아에 남겠다고 말하였습니다. 아버지는 흔쾌히 허락하였습니다.

그렇게 러시아에 남겨진 노벨은 형이 운영하는 공장에서 일을 하며 혼자서 화약 제조 기술을 익혔습니다. 그리고 실험을 거듭한 끝에 좋은 성능의 화약을 만드는 데 성공하여, 즉시 특허를 내고 곧장 스웨덴으로 가서 큰 공장을 차렸습니다. 새로운 화약을 독일과 영국 등에 수출하여 많은 돈을 벌었지만 기쁨도 잠시, 이듬해 화약 폭발 사고로 인해 사랑하는 동생이 죽고 말았습니다.

동생의 죽음에 슬퍼할 틈도 없이 연달아 폭발 사고가 일어났습니다. 노벨이 운영하는 공장에서도 폭발 사고가 일어나자, 여러 나라에서 화약을 보관하거나 운반하지 못하도록 했습니다. 노벨은 사고의 원인을 조사하기 시작했습니다.

그러던 어느 날, 노벨은 드럼통을 나르고 있는 일꾼을 보다가 가슴이 철렁했습니다. 드럼통에 구멍이 뚫려 그 속에서 액체 화약이 방울방울 땅으로 떨어지는 것이었습니다. 노벨은 액체 화약이 폭발할 줄 알고 기겁했지만, 어찌된 일인지 화약은 땅에 떨어지고도 폭발하지 않았습니다. 노벨은 그 이유를 알아보기 시작했습니다. 자세히 살펴보니 공장 바닥에 깔린 고운 흙이 액체 화약을 빨아들이고 있었습니다.

"아, 바로 이거다. 드디어 알아냈어!"

노벨은 그렇게 액체 화약을 아주 고운 흙과 혼합하면 폭발 위험이 크게 줄어든다는 것을 밝혀냈습니다.

'액체 화약이라서 잘 터졌던 거구나. 그럼 화약을 딱딱한 고체로 만들면 폭발 위험이 줄어들겠지?'

그렇게 만든 고체 화약이 곧이어 우리가 잘 알고 있는 다이너마이트가 되었습니다.

노벨은 다이너마이트를 발명하여 많은 나라에 팔았습니다. 다이너마이트는 여러 나라의 건설 현장에서 아주 긴요하게 쓰였습니다. 밀려드는 주문에 미처 다이너마이트를 만들지 못할 정도로 인기였습니다. 그렇게 노벨은 어느덧 짐작할 수 없을 만큼 전 세계에서 손꼽히는 부자가 되었습니다.

평생 동안 헤아릴 수 없는 돈을 벌어들인 노벨은 1896년 12월 10일 뇌일혈로 이탈리아에서 세상을 떠났습니다. 그는 세상을 떠나기 1년 전쯤에 4페이지에 달하는 유언장을 스톡홀름 은행에 맡긴 적이 있었습니다. 노벨의 유언장에는 이렇게 쓰여 있었다고 합니다.

"나의 전 재산에서 나오는 이자로 매년 한 번씩 그전 해에 인류 사회를 위해 크게 공헌한 사람에게 상을 주고 싶다. 이자를 다섯으로 나눠 물리학, 화학, 생리의학, 문학, 평화 등에서 인류에 공헌한 이에게 상을 주되 국적에 관계없이 가장 공로가 컸던 사람에게 주기 바란다."

그의 유언에 따라 스웨덴 왕립 과학아카데미에서는 노벨상을 제정했습니다. 1969년에는 노벨상에 경제학상이 추가되었고, 노벨상은 어느 새 세계에서 가장 권위 있는 상이 되었습니다.

노벨이 세계적인 발명가로서 성공할 수 있었던 것은 굳은 의지 덕분이었습니다. 주변에서 자신을 못난이라고 수군대도 노벨은 전혀 개의치 않았습니다. 그리고 자신이 하고 싶은 일에 몰두하였습니다. 또한 어려움이 닥칠 때에도 낙담하지 않고 마음을 가다듬고 계속 자신의 길을 걸어갔습니다. 때문에 노벨이 성공한 발명가이자 위인으로 평가받는 것입

니다.

어릴 때부터 좋아하는 일을 꾸준히 해왔기 때문에 노벨은 성공할 수 있었습니다. 이렇듯 어떤 것이든 포기하지 않고 계속해 나갈 때 목표를 이룰 수 있다는 점을 꼭 기억하세요.

인물 알아보기

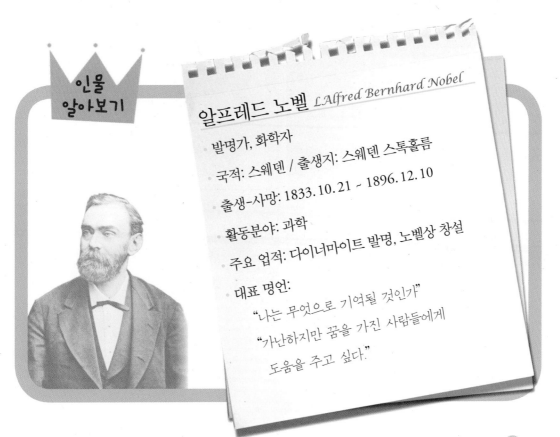

알프레드 노벨 *L.Alfred Bernhard Nobel*

- 발명가, 화학자
- 국적: 스웨덴 / 출생지: 스웨덴 스톡홀름
- 출생-사망: 1833. 10. 21 ~ 1896. 12. 10
- 활동분야: 과학
- 주요 업적: 다이너마이트 발명, 노벨상 창설
- 대표 명언:
  "나는 무엇으로 기억될 것인가"
  "가난하지만 꿈을 가진 사람들에게
  도움을 주고 싶다."

슈바이처,
“다른 사람을 위한 게 곧 나의 일”

슈바이처는 1875년 독일 카이저스베르크의 작은 교회에서 일하는 목사 아버지의 둘째 아들로 태어났습니다. 어머니도 귀족 출신 목사의 딸로서 슈바이처는 이렇듯 종교적인 가정에서 자랐습니다.

슈바이처는 다섯 살 때부터 외할아버지로부터 물려받은 파이프 오르간을 연주하기 시작했습니다. 오르간에 흥미를 느낀 그는 누구도 따라오지 못할 정도로 오르간에 대한 열정이 대단했습니다. 그렇게 열심히 오르간을 연습한 결과, 슈바이처는 아홉 살부터 예배시간에 오르간을 반주하였다고 합니다.

이렇듯 슈바이처는 어렸을 때부터 관심이 가는 것이 있으면 누구보다 열정적으로 그것에 몰두하였습니다.

한번은 슈바이처가 어렸을 때 친구와 싸운 적이 있었습니다.

슈바이처의 집은 그리 가난하지 않았지만 같은 반 친구 중에는 가난한 아이들이 많았습니다. 슈바이처는 그런 친구들을 불쌍히 여겼는데, 그가 부자인 것을 시샘하는 친구와 그만 싸우고 만 것입니다.

싸움은 몸싸움으로 이어졌고, 둘은 몸을 맞잡고 땅바닥에 뒹굴었습니다. 그러다 슈바이처가 친구의 몸 위에 올라탔는데 친구는 몸을 일으키려고 발버둥을 쳤지만, 몸을 빼서 일어나지 못했습니다. 그러고는 슈바이처를 올려다보며 이렇게 말했다는군요.

"나도 너처럼 고기를 자주 먹었으면 너한테 지지 않을 수 있어."

그 말을 들은 슈바이처는 순간 얼굴이 사색이 되었고, 즉시 몸을 일으켜 힘없이 돌아섰습니다. 싸움에서 이겼지만 슈바이처는 전혀 기쁘지 않았습니다. 친구의 말이 귓가에 맴돌아 예전처럼 마음껏 고기를 즐길 수 없게 되었습니다.

그 모습을 본 부모는 그가 편식을 한다고 꾸지람하였습니다. 그러나 아무런 소용이 없었습니다. 슈바이처는 왜 친구들이 가난에 고통스러워해야 하는지 며칠을 이리저리 고민했습니다. 아직 어린아이였던 그는 그 원인을 속 시원히 알 길이 없어 괴로워하였습니다. 이처럼 슈바이처는 어렸을 때부터 사람들을 생각하는 고운 마음을 지니고 있었습니다.

고운 마음씨를 지닌 슈바이처는 잘못을 저질렀을 때 반성할 줄 알았습니다.

어느 날 슈바이처는 정원에서 꿀벌을 관리하던 아버지 옆에서 구경을 하다가 그만 벌에 손바닥을 쏘이고 말았습니다.

아프기도 아프지만 깜짝 놀란 슈바이처는 울음을 터트렸습니다. 울음

소리에 온 가족이 달려 나와 그를 달랬지만, 그는 더욱 소리 높여 울뿐이었습니다.

"아니, 어린애를 옆에 두고 벌을 다루면 어떡해요?"

어머니는 못마땅한 표정을 지으며 아버지를 나무랐고, 아버지는 아무 말도 하지 않은 채 벌에 쏘인 슈바이처의 손을 매만졌습니다.

이처럼 모든 식구가 자신을 감싸주자 슈바이처는 더는 아프지 않았는데도 계속 울었습니다. 한참을 울었지만 관심을 끌기 위해 눈물을 그치지 않았습니다.

그 일이 있고 며칠 후, 슈바이처는 갑자기 부끄러운 마음이 들었다고 합니다. 자신의 행동을 돌이켜 보고 어린 마음에도 창피함을 느꼈던 것이죠. 어쩐지 자신이 거짓말쟁이 같고, 또 떳떳하지 못한 겁쟁이 같았답니다. 훗날 그는 그때 가족을 속인 것이 특히 마음에 걸렸다고 말하였습니다.

한편 오르간을 좋아할 정도로 음악에 관심이 많았던 슈바이처는 공부는 잘하지 못했지만 음악에는 재능이 뛰어났습니다. 누군가가 훗날 "바흐의 작품 속에 담긴 생각이나 감정을 정말 훌륭하게 이해하고 있는 사람은 알베르트 슈바이처뿐이다"라고 말할 정도였습니다.

하여튼 슈바이처는 1885년 알자스에 있는 뮐하우젠 고등학교에 다니던 중에 오르간 반주자이자 음악 선생님인 오이겐 뮌히를 만나 오르간 연주를 배웠습니다.

오르간 음악에 대해 더 알고 싶었던 슈바이처는 파리에서 사업을 하던 큰아버지의 도움으로 당시 오르간 연주의 대가로 꼽히던 찰스 마리 위도르를 만났습니다. 그리고 그를 스승으로 삼아 본격적인 오르간 연주의 세계에 빠져들었습니다.

슈바이처는 고등학교를 졸업한 후 슈트라스부르크 대학교에 입학했습니다. 그는 대학교에서 신학과 철학을 공부했지만, 이때도 음악 수업을 놓치지 않고 들었다고 합니다. 그만큼 음악은 그에게 일생의 동반자와도 같았습니다.

하지만 종교적인 집안 분위기에 따라 1899년 대학교에서 철학박사 학위를 받고, 이듬해에는 신학박사 학위를 받은 그는 모교에서 강사로 일하였습니다. 오르간 연주가가 꿈이었지만 그는 이후 목사의 길을 선택하여 성 니콜라이 루터 교회에서 부목사로 활약했습니다.

그렇다면 우리가 알고 있는 슈바이처의 업적은 언제부터 시작됐을까요?

목사로 일하던 슈바이처는 고통 받는 사람들을 돌보기 위해서 의사가 되기로 결심하였습니다. 그렇게 서른 살이 되던 해인 1905년 의학과

정에 진학한 슈바이처는 1912년에 의학박사 학위를 받았습니다. 철학과 신학을 공부해 온 그에게 의학은 다른 의미로 다가왔습니다. 의사를 신의 의지에 따라 사람을 살리는 거룩한 직업으로 본 것이죠. 한편 세계대전으로 참혹했던 당시 상황은 슈바이처가 의사로서의 사명을 더욱 굳건히 한 계기가 되었습니다.

그 후 그는 유럽을 뒤로하고 아프리카로 떠났습니다. 그가 아프리카로 간 데에는 1904년 아프리카 콩고의 비참한 흑인에 관한 이야기를 들은 것이 계기가 되었습니다. 그는 간호사 교육을 받은 부인과 함께 아프리카의 랑바레네라는 곳을 찾아갔습니다.

그곳에서 하루에 16시간씩 환자들을 돌보던 슈바이처는 이후 병원을 세워 적극적으로 환자들을 보살폈습니다. 슈바이처에게 치료를 받기 위해 수많은 사람들이 병원에 모여들었습니다. 힘든 와중에도 슈바이처는 병원 운영비를 마련하기 위해 강연회나 오르간 독주회를 할 때를 제외하고는 한 번도 아프리카를 떠나지 않았다고 합니다.

시간이 흘러 그의 선행이 전 세계에 알려지며 많은 사람들이 감동을 받았고, 이후 도움의 손길이 이어지면서 슈바이처는 더 많은 사람들을 돌볼 수 있었습니다.

이처럼 전 세계에서 존경받았지만, 슈바이처는 결코 자만하지 않았습니다.

어느 흑인 부인이 병원에 입원했을 때의 일입니다. 하루는 한 백인 남자가 보리밭을 밟고 있는 것이었습니다. 자세히 보니 그는 다름 아닌 병원 원장인 슈바이처였습니다. 병원에서 가장 높은 자리에 있었지만 그는 아랫사람이나 하는 보리밭 밟기를 하고 있었습니다. 그의 모습을 본 흑인 부인은 놀라움을 금치 못했다고 합니다.

의사이자 목사이자 음악가이기도 한 슈바이처는 재능이 많았음에도 그 누구보다 자신을 낮출 줄 알았습니다. 작은 일에도 최선을 다했던 그의 모습에 많은 사람들이 그를 존경하게 된 것입니다.

한번은 누군가가 슈바이처에게 "왜 의사가 되었습니까?"라고 물은 적이 있었습니다. 슈바이처는 이렇게 대답했다고 합니다.

"말로는 사람을 감동시킬 수 없기 때문입니다."

슈바이처는 평소 말수가 적었지만, 그 어떤 웅변가보다 사람들의 마음에 큰 울림을 주었습니다.

아프리카에서 계속 흑인들을 치료하던 그는 78세가 되던 해에 인류에게 사랑의 정신을 일깨워 준 공로로 노벨 평화상을 수상하게 되었습니다. 그는 노벨 평화상을 받기 위해 아프리카를 떠나 유럽으로 향했습니다.

기자들은 슈바이처가 왔다는 소식을 듣고는 기차 특실에서 그를 찾으려고 혈안이 되었습니다.

기자들이 보기에 슈바이처는 명예와 부를 갖추었으니 적어도 여유롭게 환자들을 돕겠거니 생각한 것이죠. 그런데 특실에 슈바이처가 보이지 않자 다음에는 1등칸을 둘러봤습니다. 그런데 1등칸에도 슈바이처의 모습이 보이지 않았습니다. 2등칸도 가봤지만 허탕만 치고 말았습니다. 설마 노벨 평화상을 받게 된 슈바이처가 3등칸에? 박사 학위만도 3개에 명예박사 학위는 20여 개나 되며, 영국 황실로부터 백작 칭호까지 받은 귀족이 서민들이나 타는 3등칸에 탔을 리 없다고 생각한 기자들은 설마 하며 3등칸 문을 열었습니다.

그런데 3등칸에서 허름한 옷을 입은 사람들 가운데 슈바이처의 얼굴이 보였습니다. 슈바이처는 열차 안에서 돈이 없어 병원에 가지 못한 사람들을 돌보고 있던 것이었습니다.

깜짝 놀란 기자들이 의아한 얼굴로 슈바이처에게 물었습니다.

"어떻게 선생님께서 보잘것없는 3등칸에서 고생하며 가십니까?"

그때 슈바이처가 유명한 말을 했습니다.

"나는 내가 즐길 곳을 찾아서 살아온 것이 아니라, 나를 필요로 하는 곳을 찾아다니며 살아왔습니다. 지금도 그렇게 사는 것뿐입니다."

이렇듯 슈바이처는 명예에 연연해하지 않고, 누가 뭐라 해도 묵묵히 자신의 길을 고집했습니다.

그렇게 슈바이처는 누구 못지않은 업적을 남기고 1965년 조용히 삶을 마쳤습니다.

슈바이처는 어릴 때 어려운 사람을 돕고 싶다는 마음을 가진 후, 그 마음이 변치 않았습니다. 자신보다 남을 위하며 살겠다고 결심한 후에는 오로지 가난하고 병든 사람들을 위해 봉사하였습니다.

사람들의 마음을 따뜻하게 어루만져주고자 했던 슈바이처, 사람들은

그의 헌신을 기억하며 슈바이처라는 이름만으로도 마음 한구석이 따뜻해졌습니다.

그가 보여준 사랑과 의지는 사람들의 가슴속에 깊이 남아 두고두고 되짚어 볼 훌륭한 교훈이 되었습니다.

인물 알아보기

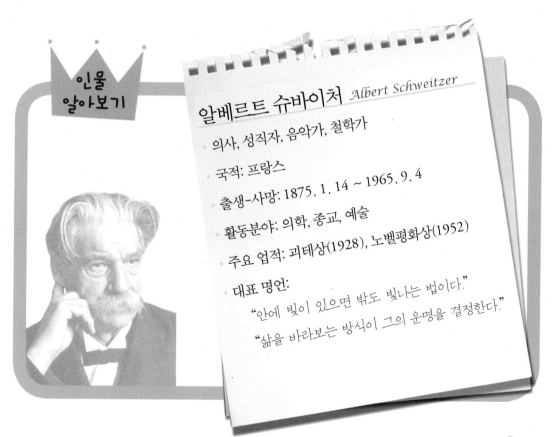

알베르트 슈바이처 *Albert Schweitzer*

- 의사, 성직자, 음악가, 철학가
- 국적: 프랑스
- 출생-사망: 1875. 1. 14 ~ 1965. 9. 4
- 활동분야: 의학, 종교, 예술
- 주요 업적: 괴테상(1928), 노벨평화상(1952)
- 대표 명언:
  "안에 빛이 있으면 밖도 빛나는 법이다."
  "삶을 바라보는 방식이 그의 운명을 결정한다."

나만이 아닌 인류를 위한 삶

위인과 그렇지 않은 사람들과의 차이는 생각의 크기에 있습니다. 평범한 사람들은 대부분 자신이나 가족을 주로 생각합니다. 반면에 위인들은 자신이나 가족이 손해를 보더라도 더 많은 사람들의 행복을 선택합니다. 슈바이처는 이것을 이렇게 단적으로 표현했습니다.

"나는 내가 즐길 곳을 찾아서 살아온 것이 아니라, 나를 필요로 하는 곳을 찾아다니며 살아왔습니다. 지금도 그렇게 사는 것뿐입니다."

비단 슈바이처뿐만이 아닙니다. 처칠, 노벨, 율곡 이이 등 많은 위인들에게는 자신과 가족을 넘어서는 인류애가 있었습니다. 사랑은 주는 만큼 받는 것이라는 말처럼 많은 사람들이 지금도 그들을 기억하는 건 이러한 이유 때문입니다. 아이들이 보다 정신적으로 성장하기 위해서는 과거의 위인들이 어떻게 생각하고 행동했는지를 우선 배워야 할 것입니다. 중요한 건 배움에 끝나지 않고 실천으로 연결되어야 한다는 것입니다. 그래서 위인의 일대기를 아는 것이 중요합니다. 그들이 어린 시절에 어떤 생각을 가지고 행동했는지를 알면, 현재 생활에 반영할 수 있기 때문입니다. 이 책에는 나중에 어른이 된 후가 아니라, 지금 당장 실행할 수 있는 교훈들이 실려 있습니다. 부모님들께서는 이런 교훈을 아이들이 잘 실천할 수 있도록 많이 격려해주시기 바랍니다.

책을 읽고 느낀 점을 써보아요